AF500928

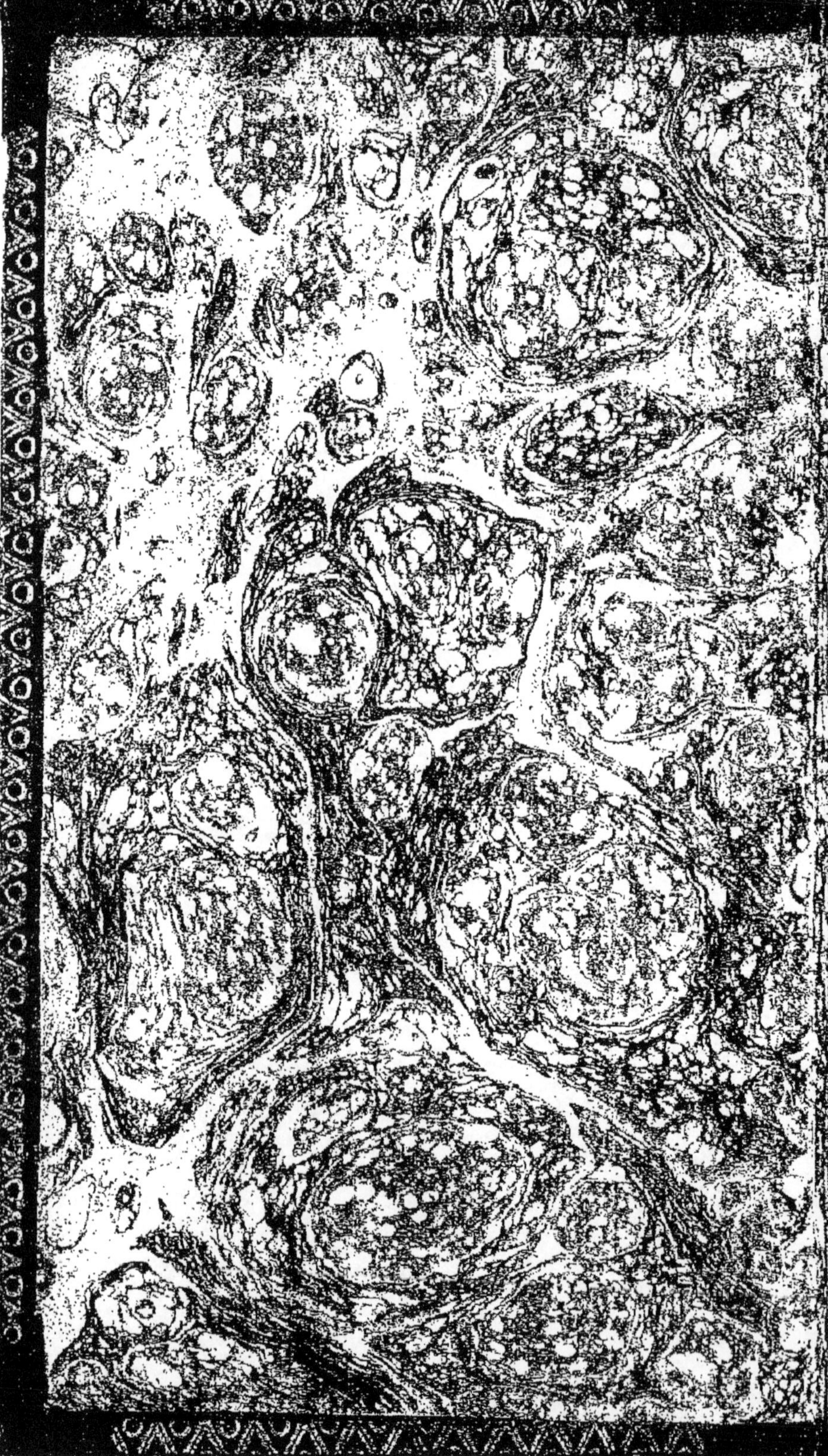

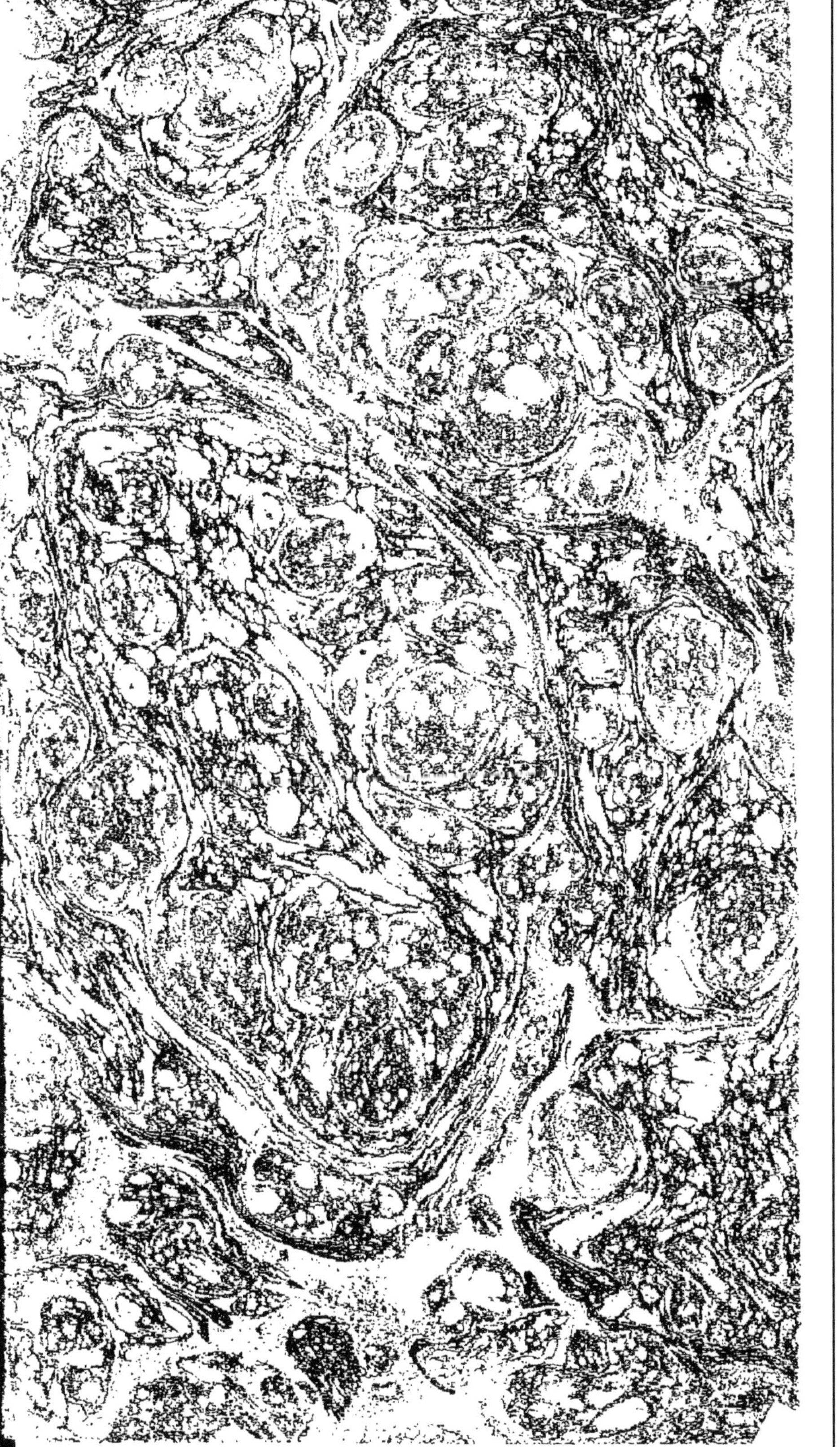

Ln 27 6013

LA VIE

DE

J. J. DESSALINES,

CHEF DES NOIRS RÉVOLTÉS

DE SAINT-DOMINGUE.

8° Ln 27 6043

LA VIE

DE

J. J. DESSALINES,

CHEF DES NOIRS RÉVOLTÉS,

DE SAINT-DOMINGUE,

Avec des Notes très-détaillées sur l'origine, le caractère, la vie et les atrocités des principaux chefs des Noirs, depuis l'insurrection de 1791;

PAR DUBROCA.

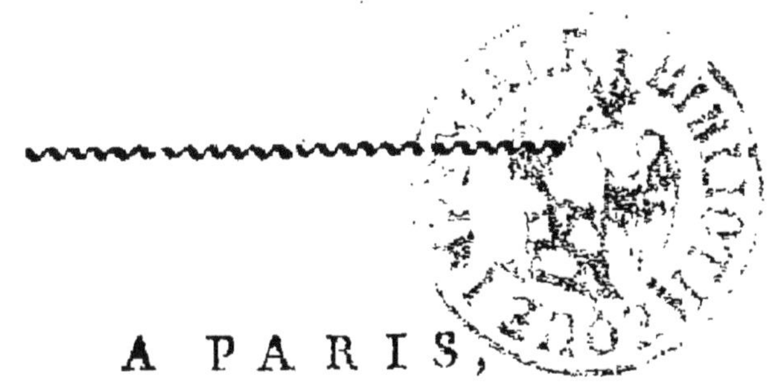

A PARIS,

Chez { DUBROCA, Libraire, rue de Thionville, n. 1760, vis-à-vis la rue Christine.
RONDONNEAU, au dépôt des lois, rue Saint-Honoré, hôtel de Boulogne, n. 75.

AN XIII. — 1804.

LA VIE
DE
J. J. DESSALINES,
CHEF DES NOIRS RÉVOLTÉS DE SAINT-DOMINGUE.

Le premier châtiment des grands scélérats, est de voir leurs actions dévoilées aux yeux des hommes; et la première vengeance qu'il soit juste de tirer de leurs forfaits, c'est de les vouer à l'exécration des siècles.

Les deux mondes ont déjà retenti avec effroi du nom et des actes horribles de barbarie de celui dont j'entreprends d'écrire l'histoire (1); mais peu de personnes

(1) Les notes m'en ont été fournies par un officier distingué, qui a vécu douze ans à Saint-Domingue, et qui a été le témoin de la plupart des faits, qu'il a eu la bonté de me communiquer.

connaissent la suite non interrompue des crimes atroces de cet africain, devenu désormais trop fameux dans les annales des forfaits des hommes, et dont la férocité ne peut être comparée qu'à celle des tigres qui habitent le climat qui le vit naître.

Quoiqu'il soit douloureux sans doute de porter ses regards sur des scènes de meurtre et de carnage, il est bon néanmoins d'oser les envisager, quand elles peuvent alimenter l'indignation qu'elles doivent inspirer, et préparer la vengeance qui doit les punir. Il est bon sur-tout d'en présenter le hideux tableau, quand elles doivent diriger l'horreur qu'elles font naître sur ceux qui en ont protégé les auteurs, qui les ont encouragés par leur appui, et qui, à la face des nations indignées, osent faire en quelque sorte cause commune avec eux.

Car voilà le but principal que je me suis proposé, en offrant au public la vie de *Dessalines*. Si l'histoire de cet homme féroce est capable de révolter les ames les plus insensibles, de quel sentiment ne doit-on pas être pénétré, en songeant que ce monstre, couvert de sang et de crimes, totalement étranger aux mœurs et à la civilisation des peuples de l'Europe, a trouvé et trouve encore, dans le gouvernement d'une nation européenne, appui, protection et secours? Est-il quelque considération politique qui puisse justifier cette association honteuse du gouvernement britannique avec le chef d'un peuple d'assassins, dont les forfaits ont épouvanté le monde entier?

Eh quoi! ce gouvernement qui, pendant la révolution française, a osé se vanter de ne faire la guerre que pour le *maintien des anciens principes de la société civile, et des lois établies en Europe*, réunirait aujourd'hui ses intérêts avec ceux d'un brigand féroce, qui a manifesté, par un attentat inoui, la haine qu'il porte à tous les principes des sociétés européennes; et il ne serait pas juste de vouer à la fois à l'exécration publique, et le crimes du monstre protégé, et la hont du gouvernement protecteur?

Non, il n'y aurait plus de germe de morale parmi les hommes, si le spectacle des Anglais, soudoyant, à Saint-Domingue, Dessalines et ses hordes d'assassins, n'excitait pas l'horreur de toutes les nations civilisées. Peut-on dire que l'extermination épouvantable des Français, dans cette colonie, eût été conçue et exécutée, si Dessalines ne se fût pas senti appuyé par le gouvernement anglais; et s'il est vrai, comme on le verra dans la suite de cet ouvrage, que ce soit à cause de cette protection que l'attentat dont il s'agit a été commis, est-il dans le cœur des hommes assez d'indignation pour en accabler et les auteurs et ceux qui l'ont favorisé?

Quel est l'homme, à moins qu'il n'ait dans le cœur tous les penchans atroces qui font braver la honte du crime, qui voudrait paraître faire cause commune avec un assassin avéré? Eh bien! ce qu'un homme obscur n'oserait tenter, des hommes publics, des hommes chargés de stipuler pour l'honneur d'une nation, ont osé l'entreprendre.

Les ministres anglais ont traité, non pas avec un vainqueur des Français à Saint-Domingue, mais avec leur infâme assassin; non pas avec le chef d'une société policée, mais avec le chef d'une bande de brigands, contre lesquels il aurait été plutôt de l'intérêt de tous les peuples de se réunir, comme on se réunit contre une bête féroce, pour empêcher ses dévastations meurtrières.

Eh! comment ces ministres, en sacrifiant ainsi l'honneur de leur nation aux combinaisons momentanées de leur haine et de leur intérêt, n'ont-ils pas vu qu'ils légitimaient d'avance l'effrayante catastrophe qui les menace à la Jamaïque? Que répondront-ils un jour aux noirs esclaves de leurs colonies, lorsque ceux-ci, après s'être baignés dans le sang des familles anglaises, après avoir impitoyablement massacré toute la race des blancs anglais, s'érigeront en puissance indépendante, et justifieront leurs assassinats par la protection accordée naguères par le gouvernement britannique, aux assassins de Saint-Domingue ? On reste épouvanté, quand on songe aux conséquences terribles que peut entraîner pour l'humanité la conduite du gouvernement anglais, par rapport aux malheurs de Saint-Domingue.

Après ces préliminaires que j'ai cru nécessaires pour justifier en quelque sorte la publicité de la scène horrible que j'ai à exposer aux yeux de mes lecteurs, j'entre en matière.

Il n'est plus question de discuter, je pense, si l'abolition subite de l'esclavage, dans les colonies françaises, a été un bien réel pour l'humanité. J'avoue qu'il était sûrement bien doux pour le philosophe européen, lorsqu'il méditait sur cet objet important, de se représenter les fertiles plaines de Saint-Domingue, cultivées par des mains libres ; mais la secousse terrible qu'ont éprouvée les Antilles, pour parvenir à ce résultat, a causé la ruine de tant de familles européennes, et la mort de tant d'autres, qu'il y aurait aujourd'hui de l'injustice et de la barbarie, à réclamer, en faveur des noirs esclaves, des principes dont les conséquences ont été si funestes à l'humanité.

La liberté, ce premier des biens, et dont l'homme ne peut jouir s'il ne porte dans son cœur le germe de toutes les vertus, et si ce germe n'a été développé par une éducation saine et soignée, ne s'est montrée, il faut le dire, à Saint-Domingue, que comme une furie impitoyable, souflant de tous côtés l'épouvante et la mort, et ne marchant qu'armée de la torche et du poignard.

Qu'on se représente plus de cent mille hommes, presque sauvages, habitués à commettre toutes les barbaries qui désolent les contrées d'Afrique, profitant d'une nuit sombre pour se jeter sur les colons tranquilles et sans méfiance, comme une troupe de lions et de tigres affamés et altérés de sang, cherchant à saisir leur proie ; tel est l'évènement affreux qui éclata dans le nord de l'île de Saint-Domingue, dans le mois d'août 1791 (1).

(1) Le premier chef des noirs qui se distingua dans cette carrière de crimes, fut un nommé *Boukmant*, tigre féroce, qui se tenait à la tête d'une bande de brigands, dans les mornes les plus inaccessibles, et qui en sortait à l'improviste et pendant les ténèbres de la nuit, pour aller piller les habitations, et en égorger indistinctement les propriétaires et les noirs. Lorsque l'insurrection des esclaves prit un caractère plus sérieux, Biassou, jaloux de commander seul, porta ses armes jusque dans le repaire de Boukmant qui n'avait pas voulu reconnaître son autorité, et celui-ci, surpris, n'eût que le tems de fuir. Quelque tems après, il fut défait et tué dans une affaire qui eut lieu aux environs du Cap. Sa tête fut portée, sur une pique, au milieu

Biassou, le plus redoutable et le plus féroce de tous les Africains, avait été proclamé chef suprême de l'insurrection. Ce premier chef des noirs se vit bientôt à la tête d'une armée de soixante mille esclaves, qu'il avait réunis dans la plaine du nord, et qu'il dissémina par pelotons, d'environ mille hommes, sur une surface de neuf lieues quarrées, après leur avoir fait faire l'épouvantable serment d'égorger, sans pitié, toute la population blanche du pays, sans distinction d'âge ni de sexe (1). La plume se refuse à décrire

---

de la place d'armes de cette ville, avec un écriteau portant ces mots : *Tête de Boukmant, chef des révoltés*. Jamais tête de mort ne conserva peut-être autant d'expression. Ses yeux étaient ouverts et semblaient encore donner à sa troupe le signal d'un massacre. Il était tombé percé de balles et de coups de baïonnettes, en se défendant, comme un furieux, jusqu'au dernier soupir.

(1) L'armée de Biassou était formée de plusieurs peuplades d'Africains, distinctes entre elles par la différence des langages, des habitudes, et des

les scènes d'horreurs qui se passèrent alors. Pendant un mois entier, cette plaine naguères si riche, si florissante, si belle par ses habitations, ses moulins à sucre, chef-d'œuvres de l'art, ne fut

---

nuances même de leur peau : elles ne se réunissaient qu'à la voix du grand chef, et les jours de bataille seulement. Immédiatement après, elles se séparaient, et vivaient, les unes sous de vastes tentes, les autres sous des espèces de petites cabanes appelées *ajoupas*, ou sous des roseaux recouverts en feuillages. On y distinguait d'abord les *Congos*, si faciles à reconnaître par leur passion pour la danse; puis les *Mosambiques*, à la figure martiale et farouche, et à la démarche guerrière; ensuite, les *Nagos*, les *Ibos* et les *Mondongues*, nations sauvages, cruelles et antropophages, qui ne regardaient la guerre, avec les blancs, que comme un moyen d'assouvir leur horrible goût pour la chair humaine.

Les noirs créoles, c'est-à-dire, nés dans l'île, formaient aussi une espèce de nation séparée; c'était celle qui composait proprement la cour de Biassou. Ces noirs, véritables singes des blancs, se traitaient de comtes, de barons, de marquis,

éclairée que par la flamme qui dévorait ces magnifiques propriétés; le farouche *Biassou* régna bientôt sur un monceau de cendres, et sur les ossemens blanchis de ses malheureuses victimes.

---

de chevaliers. Parés des fruits de leur pillage, on en voyait plusieurs couverts de très-riches habits, que, pour comble de ridicule, ils endossaient presque toujours sur leur peau nue, sans chemise, et sans chaussure. Ils faisaient une cour assidue à Biassou, lui donnaient des sérénades, des bals et des repas. C'était parmi eux que s'était refugié le faible reste d'humanité qui animait encore ce ramas d'incendiaires et d'assassins. En général, l'armée vivait dans la plus grande dissolution; la danse, le *tafia*, et les femmes absorbaient tous les momens qui n'étaient pas donnés au massacre des blancs, ou à leur propre défense. Si les colons se fussent entendus, ils eussent aisément vaincu un ennemi aussi abruti par la débauche; mais malheureusement à cette époque, les habitans de l'île étaient divisés en différentes factions acharnées à se détruire; et l'histoire n'a que trop prouvé que l'insurrection des noirs était alimentée par ceux mêmes que le gouvernement avait chargés de la réprimer.

C'est à cette époque désastreuse que commence l'histoire de *Dessalines*. Ce féroce africain, transporté tout récemment à Saint-Domingue des côtes de la Guinée, servait en qualité de domestique, chez un nègre propriétaire et libre, appelé Dessalines, lorsque l'insurrection éclata : il portait le nom de *Jean-Jacques*. Entièrement étranger aux mœurs des européens, à l'influence de leurs habitudes, de leur civilisation, et de leur langage, il avait conservé toute la férocité, toute l'ignorance du climat qui l'avait vu naître : le seul sentiment dont son ame s'était imbue, était la vengeance; aussi, le premier acte de barbarie, par lequel il se signala en entrant dans la carrière de ses forfaits, fut l'assassinat de son propre maître, dont il prit le nom avec tout ce qui lui convenait de sa dépouille.

Réuni aux bandes de *Biassou*, Dessalines ne tarda pas à se faire distinguer de ce chef des noirs, il en obtint le commandement d'un peloton, avec lequel

ils

il se précipita, comme un torrent, dans les campagnes les plus fertiles et les plus habitées, pour y chercher des victimes de sa cruauté. La mort marchait à sa suite, et se présentait sous les formes les plus horribles que l'on puisse inventer. Le sexe, l'âge, ni le rang n'étaient pas même considérés. Une mort prompte était une faveur, en comparaison du trépas lent et douloureux qu'il faisait subir au vieillard vénérable, à la mère respectable de famille, et même à l'enfant au berceau. N'étant plus retenue par aucun frein, la férocité de ce barbare se développa avec une énergie dont l'histoire des hommes offre peu d'exemples. Ce fut lui qui fit saisir et clouer vivant, à la porte de sa propre habitation, un officier de police nommé M. *Blen*, et qui, lorsque cet infortuné fut ainsi suspendu, lui fit couper les membres, un à un, à coups de hache. Ailleurs, ayant découvert dans le lieu de sa retraite un pauvre charpentier, il imagina de lui faire subir un supplice analogue à sa profession, en conséquence il le fit attacher entre deux planches et scier en deux.

Biassou avait établi son quartier-général dans une ancienne sucrerie, que la nécessité seule avait fait épargner. C'est là qu'étaient déposées toutes les dépouilles des malheureux colons tombés sous le fer des noirs. On y voyait pêle-mêle, sur le carreau, des armes ensanglantées et des pendules brillantes, des instrumens de mathématiques et des chaudières de fer, de la vaisselle plate et des linges souillés, des vases de porcelaine et des peaux d'animaux, des diamans précieux et des crânes humains où tenait encore la chevelure, de superbes tapis et des haillons hideux.

A des jours marqués, ces dépouilles étaient distribuées à ceux qui avaient exécuté le plus de massacres, ou incendié le plus d'habitations; et le grand chef, après avoir loué leur zèle, les avançait en grade. Excité par la cupidité et par l'ambition, Dessalines résolut de fixer la bienveillance de Biassou par un grand acte d'atrocité. Un jour que ce chef des noirs était parti pour une expédition qui devait le retenir éloigné quelque tems, il saisit l'occasion de son absence pour exécuter le projet qu'il avait médité. Il s'avança rapidement, la torche à la main, vers une partie de l'île où l'insurrection n'avait pas encore étendu ses ravages, parvint à faire trois cents prisonniers, la plupart femmes, enfans et vieillards, et les conduisit enchaînés au camp de Biassou. La veille du jour où ce chef des noirs devait rentrer au quartier-général, il fit massacrer ces trois cents victimes, et planter leurs têtes sur les barreaux aigus qui formaient l'entourage de la première cour de l'habitation du grand chef.

A ce spectacle épouvantable qui s'offrit aux regards de Biassou lorsqu'il rentrait au quartier-général, ce chef barbare ne peut s'empêcher de témoigner une joie féroce; il s'arrêta quelque tems à le considérer, et après avoir rassasié sa vue de cet hideux tableau, il s'informa quel était celui qui lui avait préparé une si agréable réception. Dessalines ayant été nommé, Biassou le félicita de son zèle, l'exhorta à continuer, et le fit entrer dans ses gardes. Telle fut l'occasion du premier avancement militaire de ce féroce africain, dans l'armée noire.

Sur ces entrefaites arriva au camp de Biassou un homme dont la funeste influence devait bientôt l'emporter sur celle de Dessalines, et aggraver les calamités de Saint-Domingue : c'était *Toussaint-Louverture*. Comme l'histoire de ce noir se trouve intimément liée avec celle de Dessalines, nous allons entrer dans quelques détails sur son origine et ses premières armes.

Toussaint-Louverture était né en 1743, sur l'habitation du ci-devant comte de Noé, appelée vulgairement *l'habitation de Breda*, à une lieue de la ville du Cap-

Français, département du Nord de Saint-Domingue. Condamné à l'esclavage, en sa qualité de noir esclave, ses premières années s'écoulèrent dans les travaux réservés à ceux de sa classe, et il fut destiné à garder les troupeaux sur l'habitation qui l'avait vu naître. Le tems que lui laissait cet emploi, joint à l'activité naissante de son esprit, lui inspira l'idée de le mettre à profit : il apprit à lire et à écrire. Ces connaissances lui donnèrent une grande considération parmi les noirs, étonnés et charmés à la fois de voir l'un d'eux s'affranchir de l'état de profonde ignorance auquel ils étaient condamnés. Toussaint-Louverture, sachant lire passablement et signer son nom, sortit de l'emploi de pâtre, et aspira à des travaux moins ignobles, et en même tems plus lucratifs. Le bruit de ses talens et de son intelligence parvint à M. *Bayou de Libertas*, procureur de l'habitation de Breda : celui-ci résolut de se l'attacher ; et pour tenter son ambition naissante, il le fit son cocher.

C'est dans cet état que la révolution surprit Toussaint-Louverture. Loin de songer à prendre quelque part aux mouvemens qui précédèrent l'insurrection des noirs, ce noir en fut le témoin impassible, et l'histoire n'a point à lui reprocher d'avoir trempé ses mains dans les premiers massacres des blancs, exécutés, comme on l'a vu, dans le mois d'août 1791 et suivans. Les liaisons qu'il avait eues avec *Biassou* ne tentèrent point son ambition ; la reconnaissance qu'il avait vouée à son maître semblait l'avoir emporté sur les séductions de la vengeance et de la cupidité, et plusieurs fois il lui échappa des imprécations contre les auteurs et les instigateurs des désastres de la colonie.

Mais cette modération de Toussaint-Louverture n'était qu'un calcul de sa profonde hypocrisie, fondé sur l'incertitude des tentatives des noirs ; dès qu'il vit leurs succès assurés et qu'il jugea que le moment favorable à ses projets était venu, il s'échappa tout-à-coup de la maison de son maître, disparut de l'habitation de Breda, et se rendit dans le camp de Biassou. Celui-ci, charmé de l'avoir pour compagnon de ses atrocités, l'accueillit avec amitié, et voulant rendre ses talens utiles, le fit son secrétaire, ou plutôt son homme d'affaires, et l'admit dans son intime confiance. C'est dans ce nouveau poste que Toussaint-Louverture commença à déployer son génie militaire, et la férocité naturelle de son caractère. Biassou l'employa avec succès dans plusieurs expéditions; et pour récompenser son zèle, il l'éleva à la place de son capitaine des gardes. Ce fut alors que commencèrent les liaisons de Toussaint-Louverture et de Dessalines : cependant ce dernier ne continua pas moins de jouir de la confiance de Biassou; tout ce qui exigeait le développement d'un caractère atroce et cruel, lui était particulièrement attribué; c'est à ce titre qu'il obtint la direction des supplices des blancs faits prisonniers dans les combats.

Voici de quelle manière ce barbare africain les avait ordonnés et gradués. Le jour de ces horribles boucheries, toute l'armée était rassemblée sur un seul point, à un petit quart de lieue du quartier-général. C'était une petite savane ou prairie, dont tous les alentours étaient bordés d'une espèce de tertre naturel formant amphithéâtre. C'est sur ce tertre que se plaçaient les noirs, de sorte qu'il y avait, dans le milieu, un champ libre et assez vaste pour les exécutions.

C'est là que les malheureux blancs étaient conduits pêle-mêle, sans distinction d'âge ni de sexe, nus, et les mains liées sur le dos. Les supplices commençaient par les vieillards; et par un raffinement de vengeance, c'étaient les plus cruels, parce que ces blancs étaient

censés

censés avoir tourmenté les nègres plus long-tems que les autres. On les accrochait par le menton à des morceaux de fer pointus et recourbés, saillans d'environ vingt pouces, et fichés dans des poteaux de huit pieds de hauteur. Là, ces malheureux attendaient quelquefois plus de douze heures de suite, que la mort vint terminer leurs inexprimables souffrances, parce que les bourreaux, par une atrocité inouie, décrochaient de tems en tems leurs victimes, et les racrochaient ensuite pour qu'elles ressentissent avec plus d'amertume toutes les angoisses de la plus douloureuse des morts.

Les blancs d'un âge mûr, et qui n'étaient censés habiter l'île que depuis une dixaine d'années, étaient placés, deux à deux, entre des planches de leur hauteur, liés fortement ensemble, et livrés aux scieurs qui les partageaient en deux.

Les plus jeunes avaient d'abord les yeux arrachés avec des tire-bouchons, et étaient ensuite hachés à coups de sabre.

Quant aux femmes, Dessalines et ses bourreaux variaient le genre de leur mort, suivant leurs affreux caprices. Souvent ils s'acharnaient sur des mères de famille, leur arrachaient de leurs entrailles palpitantes, les fruits de leur union, qu'ils coupaient en morceaux, et forçaient les malheureuses victimes de leur cruauté, à manger de cette chair révoltante qu'ils enfonçaient avec violence jusqu'au fond de leur estomac. Pour les enfans, ils étaient plongés vivans dans de vastes chaudières à sucre, remplies d'eau bouillante, ou étendus sur des grils placés sur un foyer ardent.

Pourquoi faut-il que mon sujet m'ait conduit à tracer de pareilles horreurs ? Si le monde entier n'avait retenti du bruit de ces exécutions, ne les croirait-on pas inventées par une imagination barbare, à dessein de flétrir le cœur des hommes, et de leur inspirer la haine et le mépris de leurs semblables ?

Cependant l'armée de Biassou commençait à éprouver les effets de l'indiscipline des soldats, et de l'ignorance du chef. Privé de toutes les connaissances dans l'art militaire, Biassou n'avait rien su prévoir, rien économiser pour procurer des ressources à ses troupes. La famine s'était introduite dans l'armée de ce chef imprévoyant ; le mécontentement des noirs s'était manifesté par des insurrections partielles ; déjà les *Ibos* et les Mosambiques avaient formé le projet de nommer un autre chef, et Biassou n'était parvenu à éteindre le feu naissant de cette révolte, que par l'appareil imposant des plus affreux supplices.

Secondé par Toussaint-Louverture, et par Dessalines qui jettaient déjà les fondemens de leur puissance, en fomentant d'un côté le mécontentement des noirs, et en irritant de l'autre le caractère féroce du général en chef, afin de le rendre odieux ; Biassou appésantit un sceptre de fer sur toute l'armée noire ; il fit périr, sous différens prétextes, une foule de vieillards des deux sexes, d'infirmes et de blessés; la terreur était dans toutes les ames; le sang ruisselait de tous côtés, et la multitude des victimes qu'il sacrifiait chaque jour au maintien de sa puissance, ne faisait qu'accroître sa férocité.

D'un autre côté, les revers qu'il éprouva dans quelques combats que les blancs, réunis par le danger commun, lui livrèrent, le firent singulièrement décheoir de la haute considération dont il jouissait dans l'esprit des noirs. Ces Africains, plongés dans la plus profonde ignorance, et par conséquent superstitieux à l'excès, le regardaient comme un homme inspiré et invincible. Biassou lui-même, le plus superstitieux de tous ceux auxquels il commandait, se regardait comme le ministre des vengeances du ciel, et sa superstition à cet égard était si profonde, qu'il était lui-même le premier à s'étonner, et à trouver étrange qu'un succès constant ne couronnât pas toutes ses entreprises (1).

---

(1) Les agens du parti qui soudoyait l'insurrection des noirs, apprenant le discrédit où tombait Biassou, lui dépêchèrent un prêtre nommé *Philémon*, ancien curé d'une des paroisses de la plaine du nord, nommée la Grande Rivière. Cet homme, que la crainte de l'insurrection avait chassé d'abord dans la partie Espagnole de l'île, était revenu au Cap; et comme il était intrigant, ambitieux et fanatique, il s'était chargé de se servir de toute l'influence de son caractère pour remonter le crédit de Biassou, et favoriser le parti qui voulait la ruine de Saint-Domingue.

Philémon présenté à Biassou avec les meilleures recommandations, et comme un homme que le ciel lui envoyait pour le diriger dans les nouveaux efforts qu'il allait faire pour la défense de la bonne cause, devint le grand aumônier de l'armée noire; il mit tous ses soins à s'emparer entièrement de l'esprit du général noir; il le confessait deux fois par semaine, et le faisait communier exactement tous les dimanches : aussi Biassou ne fut bientôt plus que le premier soldat d'une armée dont Philémon s'était fait chef. Pour faire plus d'impression sur l'esprit faible

Attentifs à profiter du discrédit où Biassou tombait chaque jour, et de la terreur que son nom inspirait; Toussaint-Louverture et Dessalines se lièrent de plus en plus pour le renverser. Parmi les chefs des noirs qui, quoique subordonnés à Biassou, avaient néanmoins conservé une sorte d'indépendance, et le droit de commander à la peuplade dont ils étaient les chefs, on distinguait un noir célèbre, rival secret de Biassou, appelé *Jean François*. Lié particuliè-

---

des noirs, ce prêtre eut sa maison particulière, sa table, ses valets, ses chasseurs et ses approvisionneurs; il exigea bientôt des gardes-du-corps qui lui furent accordés, et il ne sortait plus, dans le camp, que revêtu de ses habits sacerdotaux. Plus Biassou voyait son aumônier se faire rendre des honneurs, et plus il s'imaginait que la grace du Très-haut l'enveloppait de sa toute-puissance et de son inviolabilité. Les nègres poussaient le fanatisme jusqu'à se coucher sous ses pas, pour lui faire un passage de leurs corps, et empêcher que la poussière ne souillât les pas du saint homme.

rement avec lui, Toussaint-Louverture lui fit part de ses projets, et lui offrit de lui livrer Biassou, s'il voulait se mettre à sa place. Jean François excité par la perspective d'une grande puissance, consentit à tout, et promit, de son côté, à Toussaint-Louverture, de lui donner le commandement en chef d'une partie de l'armée.

Les choses étaient dans cet état, lorsqu'une circonstance vint accélérer les projets des conspirateurs, et concourir au renversement de Biassou. Les blancs, réunis en forces considérables, vinrent attaquer ce chef jusque dans son camp : le combat fut long et terrible, mais la victoire ne resta pas aux noirs, qui comptèrent, le lendemain du combat, parmi les morts, plus de cinq mille des leurs. Cette bataille (1), une des

(1) Tandis que la générale battait dans le camp de Biassou, pour appeler les noirs au combat, Philémon parcourait les rangs, et comme il parlait

plus sanglantes qui ayent eu lieu pendant les trois années que les nègres révoltés se maintinrent maîtres de la plaine du nord, en achevant de ruiner Biassou dans l'esprit des noirs, favorisa singulièrement les complots de ses ennemis.

Un jour Biassou reposait dans sa tente; tout-à-coup on vient l'avertir que son camp est cerné par un corps de huit

---

très-bien le langage des nègres, il leur adressait des discours véhémens. L'impression qu'il fit sur eux fut si grande qu'ils demandèrent, d'une voix unanime, qu'il vînt aussi à la guerre, afin que le seigneur n'abandonnât pas l'armée dans ses combats. Ce vœu fortement prononcé ne laissa aucun prétexte au prêtre astucieux pour s'y refuser. On lui prépara le plus beau cheval de l'armée, et il affecta un courage qu'il était loin d'avoir. Mais à peine le combat fut-il engagé, qu'il prit la fuite à toutes brides. La frayeur l'avait tellement troublé, qu'il alla tomber dans un détachement de cavalerie blanche, qui le fit prisonnier. Conduit au Cap, il y fut condamné à être pendu, et son exécution se fit sur la place d'armes, en présence de tous les habitans rassemblés.

mille noirs, et que *Jean François* s'avance à la tête de sa cavalerie, pour l'arrêter. A cette nouvelle, Biassou court aux armes, fait battre la générale, et ordonne en même tems à son capitaine des gardes, de disposer ses troupes pour la défense de sa personne. Toussaint-Louverture exécuta en effet les mouvemens militaires qu'exigeait la circonstance; mais au lieu de se disposer au combat, il s'avança vers Jean François, et lui livra sans résistance Biassou. Dessalines avait été chargé de disposer à cette perfidie l'esprit des noirs, et il s'était acquitté de cet emploi avec tant de succès, qu'aucun des soldats qui composaient la garde du général, ne fit aucune résistance.

Le sort de Biassou fut bientôt décidé; il fut déclaré déchu de son rang de général de l'armée noire, et envoyé prisonnier à Saint-Augustin, dans l'intérieur de l'île, où il mourut quelque tems après de rage et de chagrin.

Fidèle à sa promesse, Jean François donna à Toussaint-Louverture le commandement d'une division de l'armée, et celui-ci fit partager à Dessalines la nouvelle considération dont il jouissait, en lui confiant l'exécution des entreprises les plus importantes. Tous les deux marchèrent sur les traces du féroce Biassou, jusqu'à ce que d'autres évènemens changèrent leur destinée, et les portèrent sur un nouveau théâtre.

La guerre qui venait d'éclater en Europe, entre la république française et les puissances du continent, avait déjà étendu ses ravages sur les colonies du nouveau monde qui dépendaient des puissances belligérantes : à Saint-Domingue sur-tout, les Français, dévoués au service de la république, avaient à lutter non-seulement contre les noirs qui avaient levé l'étendard de la révolte, mais encore contre les Anglais qui les inquiétaient sur les côtes, et contre les colonies espagnoles qui leur avaient aussi déclaré la guerre.

Au commencement de 1793, les Espagnols, voulant se renforcer de tout ce qui était ennemi de la république française, appelèrent sous leurs drapeaux les noirs insurgés de Saint-Domingue. Jean-François, Toussaint-Louverture et Dessalines s'empressèrent de se rendre à cette invitation ; le premier fut créé lieutenant-général des armées du roi d'Espagne ; Toussaint-Louverture fut élevé au grade de maréchal-de-camp, et Dessalines continua à servir dans l'état-major de ce dernier. Les deux premiers furent revêtus des marques distinctives de leur rang, et Dessalines reçut des appointemens considérables.

Flattés de cet accueil et de ces distinctions, Jean-François, Toussaint-Louverture et Dessalines songèrent à s'en rendre dignes par un dévouement sans bornes aux intérêts du gouvernement qui les employait. La guerre qu'ils firent aux Français, sous les drapeaux de l'Espagne, fut une guerre de cannibales. Plusieurs fois, ils firent frémir d'horreur ceux dont ils étaient devenus les instrumens. Tous les Français, de quelque couleur qu'ils fussent, s'ils servaient la cause de la république, étaient sûrs, en tombant entre leurs mains, de trouver les tortures et la mort. Entourés d'hommes intéressés à irriter de plus en plus leur férocité, ces chefs des noirs se croyaient chargés des vengeances de l'autel et du trône : leur zèle avait les caractères les plus affreux, ceux du fanatisme qui égorge sans pitié, au nom du ciel, et ceux d'une barbarie profonde pour qui les lois sacrées de la nature, du sang et de l'humanité, ne sont rien. En vain, pendant cette guerre d'extermination, les commissaires du gouvernement français à Saint-Domingue, essayèrent de les ramener, et leur firent offrir paix, liberté et protection : ils ne répondirent à leurs offres et à leurs promesses que par de nouvelles atrocités. Toussaint-Louverture, croyant devoir motiver particulièrement ses resus, écrivit lui-même aux commissaires, en date du 28 août 1793. C'est dans la lettre qu'il leur adressa qu'on lit ces phrases remarquables :

« Nous ne pouvons nous conformer à » la volonté de la nation, vu que depuis » que le monde règne, nous n'avons exé- » cuté que celle d'un roi. Nous avons » perdu celui de France, mais nous » sommes chéris de celui d'Espagne qui » nous témoigne des récompenses, et ne » cesse de nous secourir. Comme cela, » nous ne pouvons vous reconnaître » commissaires que lorsque vous aurez » trôné un roi. »

Quelque tems auparavant, ce chef des noirs avait adressé une proclamation à ses frères du Cap, rédigée dans le même sens. Elle est du 25 juin 1793.

Cependant les succès de la république française commençaient à dégoûter les Espagnols de la coalition. Toussaint-Louverture et Dessalines prévoyant la fin de leurs services, et craignant peut-être d'être sacrifiés à la paix, songèrent à changer de parti. Leur nouvelle trahison fut accompagnée de circonstances horribles. Quand ils étaient arrivés au milieu des Espagnols, ils s'étaient présentés à eux, les mains dégoûtantes du sang des républicains; pour effacer en quelque sorte le souvenir de cette atrocité, ils voulurent, en revenant parmi ces derniers, se presenter avec les mêmes trophées, et leur offrir le sang des Espagnols, en dédommagement de celui des Français qu'il avaient d'abord versé.

Le président de l'audience royale à Santo-Domingo, *Dom Joachim Garcia*, avait placé Toussaint-Louverture à la *Marmelade*, sous les ordres du marquis *d'Hermona*, un des officiers de l'armée espagnole, le plus brave et le plus instruit. C'est là que, le 25 juin 1794, après avoir entendu la messe, communié et affiché une dévotion extraordinaire, Toussaint-Louverture sortit de l'église, monta à cheval, fit entourer par ses troupes les espagnols qui étaient sous ses ordres, et ordonna froidement leur massacre. Chargé de l'exécution de cet attentat horrible, Dessalines y déploya toute sa férocité. Hommes, femmes, enfans, vieillards, tout fût passé au fil de l'épée, ou devint la proie de la brutalité des noirs qu'il commandait; les églises furent pillées, les trésors des particuliers et du gouvernement enlevés. Cet acte d'atrocité, qui glace d'horreur et d'effroi, fut répété par les noirs cantonnés aux Gonaïves, au Gros-Morne, au Doudon, à la Petite-Rivière, et dans toutes les autres paroisses de l'île qui étaient occupées par les Espagnols depuis la guerre. Trois heures avant ce massacre, Toussaint-Louverture avait renouvelé le serment de fidélité au roi d'Espagne, entre les mains de Dom Garcia et du marquis d'Hermona.

Après ce forfait, Toussaint-Louverture passa avec ses troupes aux Port-de-Paix, où il fit le serment de fidélité à la république française, en présence du général Etienne Laveaux, qui gouvernait alors Saint-Domingue (1).

Ce général, instruit par les évènemens, fut d'abord peu disposé à accorder sa confiance à Toussaint-Louverture : réduit à l'inaction, et surveillé dans toute sa conduite, ce chef des noirs semblait avoir atteint le terme de sa carrière politique; mais un évènement aussi malheureux qu'extraordinaire vint le replacer tout-à-coup avec ses affidés sur la scène, et ouvrir à leur ambition une nouvelle carrière.

---

(1) Toussaint-Louverture n'eut point pour complice de sa perfidie, son compagnon d'armes Jean-François auquel il avait uni jusqu'alors sa destinée. Ce dernier chef des noirs resta fidèle à l'Espagne. Jean-François existe encore à Cadix, où il jouit du titre et des appointemens de lieutenant-général des armées du roi; il y vit splendidement. Dix officiers noirs sont attachés à son service; sa maison est devenue l'asile de l'aisance et d'une aimable liberté.

Au mois de ventôse de l'an 4, une sédition populaire fomentée et protégée par trois chefs mulâtres, éclata dans la ville du Cap. Victime de cette intrigue dont il était l'objet, le général Laveaux fut arrêté et constitué prisonnier. A cette nouvelle, qui réveilla tout-à-coup les espérances et l'ambition de Toussaint-Louverture, ce chef des noirs s'arma pour la vengeance du gouverneur, et marcha sur la ville du Cap, à la tête de dix mille noirs : l'appareil menaçant d'un siége força les habitans à en ouvrir les portes. Toussaint-Louverture entra au Cap en vainqueur, où son premier soin fut de délivrer le général Laveaux, et de le réintégrer solennellement dans ses fonctions de gouverneur.

Tel fut l'événement qui redonna tout-à-coup à Toussaint-Louverture la considération qu'il avait perdue, et qui le rendit en quelque sorte l'arbitre des destinées de la colonie. Dans l'ivresse de sa reconnaissance, le général Laveaux le proclama le vengeur des autorités constituées, et le sauveur des blancs «C'était, » disait-il, ce noir, ce Spartacus prédit » par Raynal, dont la destinée etait de » venger les outrages faits à toute sa » race; et il ajoutait que désormais il » ne ferait rien que de concert avec lui » et par ses conseils (1) ».

En effet, Toussaint-Louverture, créé à la fois général de divison, et lieutenant au gouvernement de Saint-Domingue, fut associé à l'empire, et se vit en état de préparer avec succès les bases de son usurpation. Pour travailler à ce grand ouvrage, il commença par faire distribuer des places et des faveurs à ses amis. Dessalines, sous ce rapport, ne fut point oublié; Toussaint-Louverture demanda et obtint pour lui le grade de général de brigade avec le commandement du quartier des Gonaïves.

Ce fut là que ce noir reprit le cours

---

(1) Proclamation sur le 30 ventôse.

de ses atrocités trop long-tems interrompues à son gré. Dès qu'il fut rendu à son poste, son premier soin fut de se créer un corps d'assassins dévoués; il enrôla une foule de bandits et de brigands, mille fois échappés à l'échafaud, et en forma un régiment sous le nom de *nègres sans-culottes ou d'armée révolutionnaire.* Avec ce cortège de bourreaux, Dessalines parcourait son gouvernement, et faisait arbitrairement égorger tous les blancs qui lui déplaisaient ou dont il convoitait les dépouilles.

C'était l'époque où Toussaint-Louverture faisait la guerre aux Anglais qui s'étaient emparés de plusieurs points importans de l'île; et comme leurs partisans étaient rigoureusement recherchés et poursuivis, Dessalines, pour donner un prétexte à ses assassinats, ne manqua pas de dire et de faire écrire aux commissaires français, que tous ceux dont il avait ordonné la mort, étaient des amis de l'Angleterre. Charmés de trouver tant de zèle et de dévouement dans un noir qui naguère avait été la terreur des habitans de la colonie, les commissaires français, pressés par Toussaint-Louverture, conférèrent à Dessalines le grade de général de division, avec lequel il continua de commander le quartier des Gonaïves, jusqu'au moment où les Anglais, ayant évacué Saint-Domingue, Toussaint-Louverture, devenu l'arbitre de la colonie, lui donna le commandement en chef des départemens de l'Ouest et du Sud.

Revêtu d'une puissance absolue, et chargé de seconder par tous les moyens possibles les vues ambitieuses de Toussaint-Louverture, qui aspirait ouvertement à la souveraineté de la colonie (1),

---

(1) Reprenons ici quelques traits de la vie de Toussaint-Louverture, dont l'histoire se lie si intimément avec celle de Dessalines.

Après l'affaire du général Laveaux, qui était devenue si favorable aux prétentions de Toussaint-

Dessalines alla fixer sa résidence au *Port-au-Prince.* Là, n'étant plus retenu par

---

Louverture, le gouvernement français envoya à Saint-Domingue des nouveaux agens pour y proclamer la constitution de l'an III, et organiser les autorités en conséquence de ses dispositions. Ces agens avaient ordre de faire éprouver à Toussaint-Louverture toute la bienveillance du directoire exécutif, et de reconnaître, par de nouvelles faveurs, les services qu'il avait rendus à la république dans la personne du général Laveaux, en le rendant à la liberté, et en faisant respecter en lui les autorités constituées. En conséquence, les commissaires français ne furent pas plutôt arrivés à Saint-Domingue, qu'ils s'empressèrent de témoigner à Toussaint-Louverture toute la bienveillance du gouvernement; et pour lui donner une preuve de leur confiance, ils le chargèrent du soin particulier de chasser les Anglais de la colonie. La conduite de Toussaint-Louverture, pendant cette guerre, fut celle d'un général rempli de zèle, de talens militaires et de loyauté. Cette époque serait, sans contredit, la plus belle de sa vie, si le service qu'il rendit alors à la France, n'avait été lié aux combinaisons de son ambition. Mais le moment n'était pas encore

aucun frein, et sûr de trouver protection et appui auprès de Toussaint-Louverture,

---

venu pour lui d'agir faiblement contre les Anglais, ou de concert avec eux. Il fallait auparavant donner au gouvernement français tous les gages possibles de fidélité, pour gagner entièrement sa confiance, et lui arracher de nouvelles faveurs capables de le conduire à son but.

Son attente ne fut pas trompée. Satisfaits de sa conduite, et voulant lui donner une nouvelle preuve de sa reconnaissance, les commissaires le proclamèrent général en chef des armées de Saint-Domingue. Cette nomination eut lieu dans le mois de germinal an 5.

Revêtu de cette autorité, qui remettait à sa disposition toutes les forces de la colonie, Toussaint-Louverture songea dès-lors à assurer son indépendance; il fit d'abord accuser auprès du gouvernement français, Santonax, le principal de ses commissaires, et sans attendre les effets de sa dénonciation, il le força de quitter la colonie, le 7 fructidor an 5.

A Santonax succéda le général *Hédouville*; mais cet agent qui, par son irréprochable moralité, ses talens militaires, et la douceur de ses mœurs, pouvait le plus contribuer à réparer les désas-

il ne voila plus son caractère féroce ; et la haine implacable qu'il avait vouée à

---

tres de Saint-Domingue, ne fut pas plus du goût de Toussaint-Louverture, que son prédécesseur. Le commissaire Hédouville, en arrivant au Cap, n'y trouva pas Toussaint-Louverture ; ce général était alors occupé à une opération militaire, dont les circonstances méritent d'être racontées, non-seulement parce qu'elles sont liées avec la disgrace du général Hédouville, mais parce qu'elles mettent en évidence un trait remarquable de la perfidie de Toussaint-Louverture. Plus ce chef des noirs avançait vers le terme où sa trahison devait être consommée, plus il cherchait à mettre dans ses intérêts les puissances ennemies de la France ; et sous ce rapport, on doit juger que l'Angleterre était celle dont il cherchait avec soin l'appui. C'est dans ces circonstances que le général anglais *Maylent* proposa à Toussaint-Louverture l'évacuation de *Saint-Marc*, du *Port-au-Prince*, de *Jérémie*, du *Môle*, et autres places dont l'Angleterre était encore en possession à Saint-Domingue. Cette proposition ayant été communiquée au général Hédouville, celui-ci, en sa qualité d'agent direct de la république, s'empressa de l'accepter, se réservant néanmoins de

l'espèce blanche, reprit toutes ses forces. Entouré de bourreaux toujours prêts à

---

traiter avec les clauses et la dignité qui conve-naient au gouvernement, qu'il avait l'honneur de représenter. Cette restriction effraya les colons émigrés qui se trouvaient dans les places occupées par les anglais ; ils déchirèrent publiquement les proclamations des commissaires français, firent rompre les préliminaires, et déclarèrent qu'ils ne voulaient reconnaître que Toussaint-Louverture, et qu'ils n'entendaient traiter qu'avec lui. En effet, la capitulation, telle qu'il plût au génér Maylant de la dicter, fut consentie et conclue sans la participation du général Hédouville, entr Toussaint-Louverture et le général anglais.

Voici quelques clauses de ce singulier trait dicté par l'Angleterre, à un général perfide, e en rebellion ouverte contre son gouvernemen Il y fut stipulé, 1°. que les productions de l colonie seraient envoyées en Angleterre, e échange des produits des manufactures anglaise et des autres denrées européennes, dont les ha-bitans de Saint-Domingue auraient besoin 2°. que ces relations commerciales seraient pro-tégées par une forte escadre de vaisseaux anglais

Après cet acte, d'une trahison aussi évidente

obéi

obéir à ses ordres, un seul de ses soupçons était un arrêt de mort contre ceux

---

Toussaint-Louverture se rendit au Môle, où il fit une entrée dont la pompe était sans doute une dérision de la part de ceux qui l'avaient imaginée. Il fut reçu à la principale porte, sous un dais, et conduit au milieu des acclamations et du bruit du canon jusqu'au gouvernement. Là, un repas magnifique lui fut donné; les troupes anglaises manœuvrèrent ensuite en sa présence; et enfin, le général Maylant lui fit présent, au nom du roi d'Angleterre, d'une pièce de canon de bronze.

Cependant l'outrage fait au gouvernement français, dans la personne de son agent, subsistait et occasionnait les murmures de ceux qui étaient attachés à la France : pour les faire cesser, et pour avoir en même tems un prétexte de renvoyer le général Hédouville en Europe, Toussaint-Louverture imagina de le faire passer comme un ennemi secret des noirs, et comme ayant l'intention de les replonger dans l'esclavage. En conséquence, il fit adopter par le commissaire français un réglement sur la culture dont il avait lui-même posé les bases : dès que ce réglement fut publié, les agens stipendiés de Tous-

qui en étaient l'objet : quand les prétextes apparens manquaient à sa férocité,

---

saint-Louverture, Dessalines, Moyse, Christophe et autres, ne manquèrent pas de crier à la tyrannie, et à la violation de tous les droits naturels de l'homme : l'acte réglementaire fut représenté comme attentatoire à la liberté des noirs, et la vie du général Hédouville fut menacée. C'est alors que cet agent eut la douleur de perdre deux de ses aides-de-camp qui furent massacrés près de la ville de Saint-Marc, au moment où ils revenaient d'une mission officielle aux Cayes, pour se rendre au Cap.

Tant de sujets d'amertume et de chagrins, joints aux violences dont le général Hédouville était menacé de la part de Toussaint-Louverture, qui s'avançait à la tête de son armée, menaçant de l'exterminer avec tous les blancs de la colonie, le décidèrent enfin à repasser en France, en nivôse an 7, après trois mois de résidence au Cap. Qui ne déplorera ici la force des préventions qui existaient en faveur de Toussaint-Louverture, dans le sein du gouvernement français ! Ni l'intégrité reconnue du général Hédouville, ni ses plaintes motivées, ne purent ouvrir les yeux du directoire. Sur ses traces, parut de nouveau le

il alléguait la prétendue répugnance de ses victimes pour le système qui rendait

---

colonel Vincent, agent fidèle de Toussaint-Louverture, qui, en osant accuser le commissaire Hédouville d'avoir voulu renverser la liberté des noirs, d'être un ambitieux, et d'avoir abusé des fonds publics, eut l'adresse de détourner l'attention du gouvernement de dessus le véritable coupable, et de faire peser les soupçons sur le citoyen vertueux qui ne remportait de sa mission que le sentiment de son intégrité et des souvenirs douloureux.

Après le général Hédouville, *Roume*, qui résidait à Santo-Domingo en qualité d'agent de la république française, reçut ordre du directoire de se rendre au Cap, et d'y prendre les rênes de l'administration générale.

Ce nouvel agent, que tant d'infortunes attendaient à son poste, dut aux événemens qui éclatèrent quelque tems après son arrivée au Cap, le repos dont il jouit pendant les premiers mois de son administration. Toussaint-Louverture, loin de contrarier son installation, la favorisa de tout son pouvoir. Il avait résolu d'employer son intervention, et de s'étayer de son autorité dans la guerre qu'il avait déclarée à

les noirs égaux aux blancs, et ce jugement était aussitôt suivi de leur supplice. Voici

---

Rigaud, général du Sud, mulâtre. Les désastres de cette guerre entre les noirs et les mulâtres furent affreux ; les deux partis s'y baignèrent réciproquement dans le sang de leurs propres concitoyens. C'est pendant cette guerre atroce que Toussaint-Louverture, secondé par Dessalines, fit massacrer les deux tiers de la population mulâtre à Saint-Domingue, et au Cap tous les noirs propriétaires désignés sous le titre de la faction française. Rigaud vaincu se sauva de la colonie avec sa famille, et se rendit en France. En entrant triomphant dans le Sud, Toussaint-Louverture fit fusiller les plus intimes amis de Rigaud, qui, sur la foi de ses promesses solennelles, avaient pris le parti de se livrer à sa clémence.

Toussaint-Louverture n'ayant plus rien à redouter d'un rival qui avait osé menacer sa puissance, tourna toutes ses intrigues du côté du commissaire Roume, dont l'existence politique devenait désormais inutile à ses projets. Une insurrection fut fomentée contre lui ; à la suite de laquelle l'agent de la république française fut arrêté et conduit au camp de Breda. L'exécuteur de cet attentat inoui, de cette violation de toute espèce

quelle était sa manière habituelle de prononcer la mort des blancs : il les

---

de droit de gens, fut le général de brigade *Moyse*, neveu de Toussaint-Louverture, et alors son confident intime.

Roume, détenu prisonnier au camp de Breda, y resta pendant neuf jours exposé aux insultes, aux outrages et aux violences des créatures de Toussaint-Louverture : quoique ces scènes se passassent sous ses yeux, jamais le général en chef ne songea à les faire cesser : son intention était de lasser le courage du commissaire français et de l'effrayer, afin d'en arracher le sacrifice qu'il se proposait de lui demander. Enfin après neuf jours de souffrances et d'alarmes, Moyse se présenta à lui, et le somma de lui donner son consentement par écrit, pour la possession de la partie des colonies espagnoles qui avait été cédée à la France par le traité de paix conclu entre la république française et sa majesté catholique, le roi d'Espagne. A cette proposition, l'agent français vit l'abîme dans lequel il avait été entraîné : résolu néanmoins de soutenir son caractère et de rester fidèle à ses devoirs jusqu'à la fin, il répondit qu'il ne pouvait souscrire à une pareille demande : on menaça de le fusiller lui, sa femme et ses enfans ; ces menaces

faisait traîner devant lui ; et, après quelques questions prononcées dans un lan-

---

ne l'intimidèrent point. Furieux de sa résistance, ses oppresseurs déployèrent vainement à ses yeux l'appareil du supplice ; tant qu'il ne fut question que de ses propres dangers et de ceux de sa famille, l'infortuné Roume persista courageusement dans son refus ; mais quand il entendit les vociférations et les cris des noirs qui demandaient avec sa mort le massacre de tous les blancs de la colonie, si le commissaire français n'acquiesçait pas aux vœux de leur général, sa fermeté l'abandonna, et il promit tout ce qu'on desirait de lui.

Entouré de l'appareil d'une force armée menaçante et furieuse, le malheureux Roume écrivit, d'une main tremblante, et la mort dans le cœur, sous la dictée de Toussaint-Louverture, à *dom Joachim Garcia* à Santo-Domingo, pour l'inviter à livrer la partie espagnole comprise dans le traité de paix, au général en chef des armées de Saint-Domingue, ou à sa première réquisition.

Dom Joachim Garcia protesta d'abord hautement contre cette invitation du commissaire français; mais se voyant menacé d'invasion par Tous-

gage barbare, que souvent les malheureux auxquels il les adressait n'entendaient

---

saint-Louverture, il chercha à traîner l'affaire en longueur, afin d'avoir le tems de prévenir son gouvernement de ce qui se passait. Il demanda en conséquence trois mois pour évacuer la partie espagnole dont-il s'agissait. Toussaint-Louverture feignit de consentir à ce délai; mais tandis que dom Joachim Garcia, se reposant sur sa promesse, attendait en paix la réponse de son gouvernement; tout-à-coup il fut informé que les généraux *Paul*, frère de Toussaint-Louverture, et *d'Hebecourt* s'avançaient à la tête d'une armée de dix mille hommes sur Sauto-Domingo pour s'en emparer.

Surpris et déconcertés, les Espagnols ne firent pas une longue résistance; repoussés de toutes parts, ils évacuèrent Santo-Domingo, et se retirèrent dans les îles de Cuba et de Porto-Rico. Après cette expédition, qui mit Toussaint-Louverture en possession de la partie espagnole qu'il convoitait, le trop malheureux Roume fut arraché de son gouvernement, et conduit au *Dondon*, où il resta dans les fers jusqu'à la nouvelle de l'expédition contre Saint-Domingue, époque où il fut rendu à la liberté, et où on lui permit de se retirer aux Etats-Unis d'Amérique.

daient pas, il sortait sa tabatière de sa poche, frappait dessus, et à ce signal, ses satellites mettaient en pièces la victime, ou la fusillaient sur-le-champ.

Avide de verser le sang humain, sa férocité, quand les blancs ne lui offraient pas un aliment, s'exerçait jusques sur les propres complices de sa barbarie. Bourreau lui-même, il les hachait froidement à coups de sabre, quand ils n'avaient pas exécuté ses ordres comme il l'avait entendu, et tout dégouttant de leur sang, il donnait audience à ceux que leurs affaires appellaient auprès de lui. Outre les pouvoirs dont il était revêtu dans les départemens soumis à ses ordres, Toussaint-Louverture lui avait confié l'inspection de la culture dans toute la colonie : c'était vouer aux fureurs capricieuses de ce brigand, tous les habitans indistinctement de cette île malheureuse. Dessalines, en vertu de ce nouveau pouvoir, toujours escorté de cinquante ou soixante guides, fondait tout-à coup dans les habitations, et immolait sans pitié quiconque n'était point occupé aux travaux de la culture au moment où il se présentait. Quand un *conducteur* lui déplaisait, il le dépossédait, en nommait un autre, et procédait à ce qu'il disait *sa réception*. Il faisait assembler tous les nègres qui composaient l'atelier, choisissait celui qui lui convenait pour diriger les travaux, et lui disait : — Moi, te nommer conducteur de l'habitation ; toi faire noirs travailler depuis telle heure jusqu'à telle autre, et prendre garde à toi, si toi pas obéir à mes ordres. — Ce discours fini, ses guides tombaient sur le nouveau reçu, et le flagellaient jusqu'à ce que le sang ruisselât de toutes les parties de son corps : souvent il arrivait que ces malheureux succombaient sous les coups, et alors ils étaient jugés incapables de remplir les fonctions de conducteur ; s'ils résistaient à l'épreuve, Dessalines les confirmait dans leur place, et les menaçait de les faire fusiller, si jamais ils manquaient à leurs devoirs. A quels affreux caprices ne se trouvaient pas soumis ces noirs qui, pour devenir libres et s'affranchir du joug des blancs, avaient déjà commis tant de crimes, et fait couler tant de sang!

En l'an 8, la puissance de Toussaint-Louverture se trouva menacée par un concurrent déjà célèbre dans l'histoire des désastres de Saint-Domingue; et une guerre atroce s'alluma entre cet usurpateur et Rigaud, chef des mulâtres du département du Sud. Dessalines, pour venger l'outrage fait à Toussaint-Louverture, et s'attirer de plus en plus sa bienveillance, fit arrêter tous les hommes de couleur indistinctement qui se trouvaient dans les quartiers des Gonaïves, Saint-Marc et le Port-au-Prince, sous le prétexte qu'ils étaient d'intelligence avec les mulâtres dévoués à Rigaud, et en fit inhumainement noyer plus de quinze mille. A son entrée dans la ville des Cayes, après la défaite de Rigaud, il fit annoncer, à son de caisse, qu'il passerait en revue toutes les femmes, sans distinction d'âge ni de couleur. Croirait-on que c'était pour exercer sa fureur contre ce sexe timide et sans défense? Lorsque ces femmes, étonnées, interdites, furent rassemblées sur la place, il les fit mettre en rang, et à mesure qu'elles défilaient devant lui, il tombait sur elles à coups de bâton, maltraitant plus particulièrement encore les blanches, dont plusieurs restèrent sur la place. Le scélérat avait cru pousser par ce moyen les blancs à la révolte, et avoir un prétexte de les faire égorger : mais la terreur qu'il inspirait avait tellement glacé toutes les ames, que personne n'osa élever sa voix contre un acte aussi barbare ; et pour cette fois encore, la ville fut préservée d'un massacre général.

Les victoires de Toussaint-Louverture sur Rigaud, et le succès de ses intrigues contre les commissaires du gouvernement français, ayant affermi la puissance de ce noir dans la colonie (1), Dessalines songea à donner aussi à sa fortune toute la consistance possible. Ne pouvant encore aspirer au premier rang, il voulut du moins n'avoir pas de concurrent au second. Le général de division Moyse, neveu de Toussaint-Louverture était le seul qui put contrebalancer son crédit, il résolut de le perdre et il y réussit : le général Moyse fut fusillé comme ayant voulu fomenter une révolte contre le

---

(1) Il ne manquait plus qu'un dernier acte au succès de l'ambition de cet Africain forcéné : c'était de briser solennellement les nœuds qui attachaient la colonie à la mère-patrie, de proclamer par des actes publics son usurpation, et de se constituer le chef suprême de cette partie du monde. Ce dernier attentat qui devait mettre le comble à sa trahison, cette dernière démarche préparée par tant de crimes, scellée du sang de tant de victimes, fut exécutée le 13 messidor an 9. C'est alors que l'on vit paraître cette étrange constitution de la colonie de Saint-Domingue, qui, en paraissant conserver quelques relations avec la métropole, les anéantissait toutes et pour jamais.

gouverneur de Saint-Domingue, et aussitôt après Toussaint-Louverture déclara qu'à l'exception de Dessalines, et à raison des grands services qu'il avait rendus, il n'y aurait plus à l'avenir de général divisionnaire dans la colonie.

Tandis que Dessalines tramait ainsi la perte de celui qui seul pouvait être un obstacle à son crédit, il célébrait les fêtes de son hymen à Saint-Marc, avec une pompe et un excès de luxe qui contrastaient de la manière la plus ridicule avec les mœurs barbares et féroces des principaux acteurs de la fête; rien ne fut épargné pour donner à cette circonstance tout l'éclat possible. Le plus riche particulier de l'Europe n'eût pas prodigué plus de faste, ni fait une plus grande ostentation d'opulence : Toussaint-Louverture lui-même assista à la cérémonie avec son épouse et une grande suite, et l'on vit bien dès-lors que l'autorité, ainsi que les dépouilles de Saint-Domingue, allaient être partagées entre ces deux Africains souillés de sang et de crimes.

Mais le moment de la vengeance était arrivé. Le gouvernement français après avoir épuisé à l'égard de Toussaint-Louverture, tous les moyens possibles de conciliation (1), envoya enfin, sous

---

(1) Quelle tentative n'avait pas été faite par le premier consul, pour ramener à l'honneur, à ses devoirs, aux intérêts de la mère-patrie, et à ses propres intérêts mêmes, le chef rebelle de Saint-Domingue ? L'histoire recueillira sur cet objet les monumens les plus consolans et les plus honorables. L'inutilité de tout moyen de conciliation pût seule déterminer le gouvernement français à employer la force ; et encore avec quel esprit de paix cette dernière tentative ne fut-elle pas faite ? Ces vaisseaux qui portaient dans leurs flancs la foudre et la mort pour châtier un rebelle, portaient aussi les gages les plus sacrés de la bienveillance du premier consul. Avant d'atteindre par la force celui qui avait appelé sur sa tête l'indignation nationale, les dépositaires de la vengeance publique devaient chercher à le ramener par le bienfait le plus sensible au cœur de l'homme qui

les ordres du général *Leclerc*, une escadre à Saint-Domingue, pour y faire reconnaître son autorité, et y ramener l'ordre.

Tout le monde connaît les principaux détails de cette expédition; comment les noirs, aux ordres de Christophe, incendièrent la ville du Cap (1), et quelles

---

n'a pas foulé aux pieds tous les sentimens de la nature, en remettant dans ses bras ses deux fils, depuis si long-tems séparés de leur père, et élevés si généreusement au milieu d'une nation qu'il trahissait.

(1) *Notice sur Christophe*. Ce chef mulâtre avait fait ses premières armes sous Biassou, et s'était distingué dans cette école de carnage et d'horreurs. Ce fut lui qui, au mois de juin 1795, au moment où les commissaires français proposaient aux noirs insurgés une amnistie pleine et absolue, et les appellaient sous les drapeaux de la république, pénétra avec un nommé *Macaya*, à la tête de trois mille noirs, dans la ville du Cap, y fit un carnage horrible des blancs, et termina cette scène sanglante par l'incendie de cette ville qui la détruisît entièrement. A force de crimes et de bassesses, Christophe était devenu l'agent secret

furent les suites de cette catastrophe. Nous nous bornerons donc à raconter

---

des actes tyranniques de Toussaint-Louverture. Il commandait en chef l'arrondissement du Cap, lorsqu'on apprit dans cette ville l'arrivée prochaine d'une escadre française. Aussi dissimulé que cruel, il parut prendre une part sincère à la satisfaction des habitans ; — *tout son plaisir, disait-il, était d'être à même de recevoir le premier les Français, et de leur donner des fêtes.* Lorsque l'escadre fut signalée, il redoubla en apparence de satisfaction, et dit qu'on ne pouvait mieux faire que de recevoir les Français venant chez eux. Mais combien l'attente publique fut trompée, lorsqu'on lui vit faire toutes les dispositions nécessaires pour s'opposer au débarquement de l'escadre. Un aide-de-camp de l'amiral s'étant présenté à lui, avec la proclamation du gouvernement français, et celle du général en chef Leclerc, Christophe le reçut avec une hauteur insultante, et fit le refus le plus formel de reconnaître l'autorité de la France, et d'y obéir. En même tems il fit garnir les forts de canons, de boulets et de charbon de terre. Alors le deuil devint général dans la ville du Cap, et quelque couleur qu'on voulût donner à cette résistance, on n'y pût reconnaître qu'une désobéis-

les circonstances qui se rattachent particulièrement à la vie de Dessalines, en

---

sance bien prononcée aux ordres de la Métropole. Le soir, Christophe déclara formellement que l'escadre ne serait pas reçue ; il refusa de donner communication des deux proclamations qui lui avaient été envoyées, et dont il rendit un compte infidèle, en les annonçant comme remplies d'expressions hautaines, et ne respirant que le despotisme et la tyrannie. Il se rendit ensuite aux casernes, harangua la troupe de ligne, lui persuada qu'on venait lui ravir la liberté, et lui fit prêter le serment de la soutenir au péril de la vie.

Le même soir à neuf heures, la générale fut battue ; à ce signal d'alarmes, une foule considérable de citoyens se rendit à la maison commune, où la municipalité était assemblée ; là, après une mûre délibération, il fut arrêté qu'il serait fait une pétition au général Christophe, par laquelle, après plusieurs considérations politiques, inspirées par la force des circonstances, on chercherait à émouvoir son ame par le tableau déchirant des malheurs dont le Cap allait devenir le théâtre, s'il persistait dans son refus. Cette pétition lui fut portée le 14 pluviôse à minuit ; mais ce noir insensible aux expressions touchantes contenues dans

renvoyant, comme nous l'avons fait jusqu'à présent, à des notes tous les faits

---

cette pétition, sourd aux véritables sentimens de l'honneur et du devoir, déclara qu'il était militaire, qu'il ne connaissait pour chef que Toussaint-Louverture à qui il devait une obéissance exclusive; et il finit par dire que si les Français persistaient à vouloir entrer, *la terre brûlerait avant que l'escadre mouillât dans la rade.*

Le 15, au point du jour, la municipalité, espérant toujours émouvoir cette ame féroce, fit assembler un grand nombre de vieillards, de femmes et d'enfans qui se portèrent en foule chez le commandant, pour le supplier d'épargner à leur patrie les maux dont elle était menacée. Mais ce moyen ne produisit pas plus d'effet que le premier. Fatigué des cris et des larmes de cette foule consternée, il la fit dissiper par ses gardes, et annonça qu'il n'écouterait plus aucune représentation.

On vit alors que tout était perdu, et que bientôt allaient se réaliser les menaces qu'il avait faites. En effet, à une heure après midi, on fut informé que Christophe avait fait délivrer à ses troupes une quantité considérable de lances à feu, dans l'intention de mettre le feu à la ville dès qu'on tirerait les premiers coups de canon. Ces dispositions

qui peuvent piquer la curiosité de nos

éclairèrent les habitans sur le seul parti qu'il leur restait à prendre, un grand nombre quittèrent leurs maisons pour aller chercher un asile au dehors.

Vers les six heures du soir, le fort Picolet tira une vingtaine de coups de canon : à ce signal, qui était celui de l'incendie, les noirs conduits par Christophe qui marchait à leur tête, se portèrent sur le bord de la mer, et mirent le feu à plusieurs maisons de commerce ; bientôt après leur rage se dirigea sur les monumens publics. Les bureaux du contrôle de la marine, la grande église, les casernes, l'arsenal, le magasin de l'état, le palais du gouvernement, le greffe, dépôt précieux des actes intéressant l'existence, les droits, la fortune de tous les citoyens devinrent en un instant la proie des flammes. L'hôpital de la providence, asile des vieillards, des femmes, des orphelins et des malades, ne fut pas plus respecté ; trois fois les incendiaires y mirent le feu, mais les prompts secours apportés à chaque fois, préservèrent ce monument.

Vers les onze heures du soir, les progrès du feu étant devenus plus violens, on reconnut la nécessité de fuir ; les cris, les gémissemens des

lecteurs, ou servir de développement au sujet principal de cet ouvrage.

---

femmes, des enfans hâtèrent ce moment. Plus de mille familles éclairées par les flammes qui s'élevaient de tous côtés au-dessus des maisons incendiées, se mirent en marche, ayant la municipalité à leur tête. Mais en cherchant à éviter les atteintes de l'incendie, elles se virent poursuivies par les fureurs de Christophe qui, ayant appris que cette troupe infortunée se dirigeait vers le morne de la Vigie pour y chercher un asile, envoya un noir nommé Ignace, avec ordre à la municipalité de se rendre sur-le-champ avec tout son cortége au haut du Cap. Cet ordre avait pour but de sacrifier tous ceux qui s'y seraient rendus, lorsque la troupe de ligne, forcée d'abandonner la ville au moment de l'entrée de l'escadre, fuirait de ce côté. Heureusement ce dessein cruel fut pressenti, et empêcha la municipalité d'obéir. Demi-heure après, le même Ignace revint signifier le même ordre, en y ajoutant les plus terribles menaces. On parut faire quelques dispositions pour obéir, mais au lieu de prendre la route du haut du Cap, on prit celle de la Vigie, espérant que sur le sommet de cette montagne, on serait moins exposé aux fureurs de Christophe.

Le desir de sa conservation, l'amour maternel ; la tendresse conjugale, la peur doublèrent les forces, et chacun s'achemina par des sentiers qui ne présentaient que des rochers à pics, entourés de précipices. A peine rendus à l'habitation dite *d'Espagne*, le même noir revint encore et exprima sa rage du refus qu'on faisait d'obéir à ses ordres, et partit en ordonnant impérieusement qu'on ne tardât pas à le suivre. Cette opiniâtreté, en décélant ouvertement les intentions de Christophe, ne fit qu'augmenter le desir de la fuite ; le cortége continua sa marche pénible, par des chemins plus affreux encore que ceux par lesquels on avait passé, et au point du jour on arriva à la Vigie, où l'on se distribua dans les ravines et les gorges qui l'environnent.

De-là on découvrait l'escadre et ses mouvemens ; l'espérance était rentrée dans tous les cœurs, et on attendait avec impatience l'instant du débarquement pour descendre du morne, et aller recevoir ses libérateurs. Mais Christophe n'avait pas renoncé à sa proie ; pour la quatrième fois, il envoya Ignace avec un détachement : ce noir avait ordre d'employer la force pour faire descendre tous les fugitifs, et les conduire au haut du Cap, et d'incendier les deux cases de

jours de traversée, arriva, le 11 pluviôse

---

la Vigie. Tout fut mis en usage pour déterminer ce barbare à ne pas enlever aux malheureuses familles cette retraite : prières, larmes, sollicitations, offre d'argent, son cœur fut insensible à tout ; il fallut partir : alors le feu fut mis aux cases de la Vigie.

La municipalité, en paraissant obéir aux ordres de Christophe, arrêta secrettement de régler sa marche sur les mouvemens de l'escadre qu'un vent favorable poussait alors dans la rade. La fatigue et les mauvais chemins justifiaient la lenteur qu'on mettait dans la route. Enfin, les vœux de ces victimes dévouées furent exaucés. On était arrivé à l'habitation d'Espagne, lorsque le débarquement des Français s'effectua. Le désordre de ce moment fit disparaître Ignace et son détachement ; alors chacun s'empressa de descendre du morne, et on eût bientôt la satisfaction d'embrasser des amis, qui venaient apporter du secours.

Telle fut la conduite de Christophe lors de l'incendie de la ville du Cap. Nous parlerons encore de ce noir, dont la profonde hypocrisie sut un moment surprendre la bonne-foi des Français, mais dont la férocité est peut-être sans exemple.

an 10, à la hauteur de la Grange ; l'armée navale ainsi que les troupes de terre furent partagées en trois divisions. La première, aux ordres du contre-amiral *Latouche*, fut destinée à débarquer au Port-au-Prince, un corps d'armée commandé par le général *Boudet* ; la seconde devait aller, sous les ordres du capitaine *Magon*, débarquer à la baie de *Manenille*, la division du général *Rochambeau*, et seconder son attaque sur le *fort Dauphin* : la troisième composée des forces que le général en chef *Leclerc* s'était réservées, fut destinée à s'emparer de la ville du Cap et des quartiers voisins.

C'était précisément contre Dessalines que la première division, conduite par le général Boudet, devait agir. Cet africain avait le commandement particulier du département de l'Ouest, dont on sait que le Port-au-Prince est le chef-lieu. Lorsque la division du général Boudet parut, le 15 pluviôse, devant cette place,

Dessalines ne s'y trouvait pas ; il était resté à Saint-Marc, pour être plus à portée d'agir de concert avec Toussaint-Louverture, qui de son côté, s'était rapproché de lui en s'avançant vers les Gonaïves. Ils avaient donné ordre tous les deux aux commandans du Cap, du Port-au-Prince, et des autres villes, de tout détruire par le fer et par le feu, après avoir opposé aux forces ennemies toute la résistance possible, et de se rendre ensuite auprès de leurs généraux respectifs.

Avant d'entrer dans la rade du Port-au-Prince, et de tenter un débarquement, le général Boudet détacha la frégate la Guerrière avec un de ses aides-de-camp, pour porter au commandant de la place la proclamation du gouvernement, et les lettres qu'il adressait aux officiers civils et militaires. Cet officier fut reçu par le général *Agé*, chef blanc, d'une manière distinguée ; et l'aide-de-camp eut toutes les facultés qu'il pouvait desirer

desirer pour s'entretenir avec les principaux habitans ou magistrats de la ville. Mais les chefs noirs ne tardèrent pas à suspecter la conduite du général *Agé*; ils s'insurgèrent, et le forcèrent de garder l'aide-de camp du général Boudet, le canot, et tous les matelots qui l'avaient amené. Dans cette extrémité, le général Agé fit savoir au général Boudet que son autorité était méconnue, et il l'engageait à ne point entreprendre de vive force un débarquement, qui serait à n'en pas douter, le signal du massacre de tous les blancs, et de l'incendie de la ville.

A la nouvelle de ce qui se passait au Port-au-Prince, Dessalines qui s'était rapproché de cette place, devint furieux, et jura une vengeance atroce. Il écrivit de suite au chef mulâtre *Lamartiniere*, de ne plus recevoir les ordres du général Agé, de faire arrêter sur-le-champ tous les blancs qu'il pourrait saisir, et de les lui envoyer. En même temps, il fit enlever à Saint-Marc, toutes les familles françaises dont la fortune tentait depuis long-temps sa cupidité; et quand toutes ces victimes furent réunies, il ordonna qu'on les conduisit aux Verrettes et à la Grande-Rivière, où il les fit poignarder à coups de baïonnettes. Une habitante de Saint-Marc fut trouvée éventrée, sur le chemin qui conduit de cette ville à l'Artibonite, ayant à ses côtés un enfant de six mois qu'elle alaitait, et qui cherchait encore à prendre le sein de son infortunée mère.

Cependant le général Boudet voulant éviter les désastres dont la ville du Port-au-Prince était menacée, alla débarquer sa division sur la côte du Lamantin, d'où il se porta aussitôt avec son avant-garde sur le fort Biroton. A son arrivée il reçut une lettre du commandant de ce fort, qui le conjurait de différer son attaque jusqu'à ce que la garnison eut reçu les ordres du général Dessalines. Mais dans cet intervalle, les officiers et les soldats vinrent s'unir à l'armée française, et le fort Biroton fut occupé par nos troupes.

Immédiatement après, la division se mit en marche sur le Port-au-Prince. Elle trouva, rangés en bataille, en avant de la porte de Léogane, quatre mille noirs commandés par un agent intime de Dessalines. Ce scélérat, pendant les pourparlers qu'il avait entamés avec le général français, s'écria tout à coup que les ordres arrivaient de recevoir l'armée française. Aussitôt un bataillon s'avança, mais, au lieu d'un accueil amical, il fut accablé par une grêle de balles et de boulets. Cet acte de perfidie fut le signal d'un combat terrible; rien ne résista à l'indignation du soldat français. Les noirs furent taillés en pièces et poursuivis jusque dans la place qui, par ce moyen échappa à l'incendie et aux massacres qui lui étaient réservés. On ne put cependant empêcher que les noirs n'amenassent avec eux en fuyant, un très-grand nombre de blancs, l'aide-de-camp du général Boudet, les matelots du canot, et le général Agé à qui ils firent souffrir des tourmens inexprimables avant de lui donner la mort. A la nouvelle de l'approche de l'armée, ils avaient égorgé leur commandant d'artillerie *Lacombe* qui était blanc.

Tandis que les noirs se battaient, Dessalines, loin du danger, ordonnait des massacres. Après la prise du Port-au-Prince, il se rendit à *la Croix-des-Bouquets* où il trouva Lamartiniere et le reste de sa troupe échappée à la défaite du Port-au-Prince. Toujours altéré de sang, à peine fut-il arrivé qu'il s'informa où étaient les blancs qu'on avait amenés. On lui en présenta environ deux cents qui étaient renfermés dans une maison à clissage; il la fit cerner par ses troupes, et après en avoir fait retirer l'aide-de-camp du général Brunet, il fit fusiller et égorger tous les autres.

Dessalines était encore sur ce théâtre de sang et de carnage, lorsqu'on apprit que le général Boudet s'avançait pour l'attaquer : à cette nouvelle, il livre aux flammes la Croix-des-Bouquets, et il disparaît. Pendant quelque tems, il eut l'air de faire sa retraite sur la montagne des Grands-Bois, mais par une marche rapide, il se porta sur Léogane, en passant par la montague Noire, et alla brûler cette ville; après en avoir fait massacrer toute la population des blancs : de-là il se rendit à *Jacmel* où il força le poignard à la main tous les habitans de signer une adresse au général Leclerc, par laquelle ils manifestaient leurs regrets de voir cesser le gouvernement de Toussaint-Louverture. Enfin ce tigre féroce se transporta à *Saint-Marc* où il acheva la destruction de cette ville en la livrant aux flammes et en exterminant tous les blancs qui s'y trouvaient.

Après ces exécutions, il alla se réfugier avec l'élite de ses troupes à *la Crête-à-Pierrot*, position formidable, où il avait établi son quartier-général, et dont il avait augmenté les fortifications.

C'est là que le général en chef, avec

toutes les divisions de son armée vint attaquer le 11 ventôse cet africain couvert de sang et de crimes. Dans un des nombreux et sanglans combats qui furent livrés au tour de ce poste, Dessalines, poursuivi par le général Hardy qui était parvenu à lui couper toute communication avec le fort, trouva le moyen de s'enfuir par les revers d'une montagne : cet événement le sauva ; car, bientôt après, les noirs épouvantés de l'audace de nos troupes et de leur opiniâtreté à les poursuivre dans ces mornes regardés jusqu'alors comme inaccessibles, voyant d'ailleurs leurs fortifications écrasées par les bombes, ayant épuisé leurs vivres, et présageant le succès d'une attaque combinée, cherchèrent le 3 germinal à percer nos lignes; mais ils périrent tous dans cette tentative désespérée le fort avec tous ses magasins tomba au pouvoir des Français. Quant à Dessalines, après avoir si heureusement échappé au danger qu'il avait couru, il se retira sur les Grands Bois; mais comme le général en chef lui avait fait couper les chemins par un détachement qui occupait le Mirebalais, il voulut forcer le passage et fut repoussé ; alors il se rejeta sur les *cahous*, où il erra de poste en poste, accompagné de peu de monde, mais très-favorisé par les localités qui rendaient son approche difficile et dangereuse.

Laissons un instant ce noir méditant dans sa détresse de nouveaux forfaits, et revenons aux événemens qui avaient précédé sa défaite. Pendant que la division du général Boudet s'emparait dans le département de l'Ouest du *Port-au-Prince*, et marchait sur les traces de Dessalines, les autres corps d'armée employés contre Toussaint-Louverture, Christophe et les autres chefs des noirs, avaient obtenu des succès aussi rapides qu'importans: en cinq jours de campagne, ils avaient dispersé les principaux rassemblemens des ennemis, et s'étaient emparés de leurs bagages, ainsi que d'une portion de leur artillerie. La défection s'était mise dans le camp des rebelles. *Clervaux*, *Laplume*, *Maurepas*, *Paul Louverture*, et plusieurs autres chefs des noirs ou hommes de couleur s'étaient soumis. Toussaint-Louverture lui-même après avoir vainement essayé de trouver dans la fourberie de son caractère, un moyen de surprendre la bonne foi du général français (1), vaincu et poussé de position en

---

(1) On se souvient que le gouvernement français avait envoyé à Toussaint-Louverture ses deux enfans, pour essayer de le ramener à ses devoirs, en attaquant la sensibilité de son cœur : voici de quelle manière ce père barbare chercha à faire tourner cette circonstance au profit de sa perfidie. Le directeur de l'institution des Colonies, M. Coisnon, chargé de remettre à Toussaint-Louverture ses enfans, le trouva aux Gonaïves. Le père et les deux fils se jetèrent dans les bras les uns des autres; des larmes coulèrent. M. Coisnon, voulant profiter d'un instant qu'il crut favorable, arrêta le père au moment où la reconnaissance l'entraînait vers lui. — Est-ce bien là Toussaint, lui dit-il ? est-ce bien l'ami de la France que je vais embrasser ? — Pouvez-vous en douter, lui

position, fuyait en désordre dans les bois, emportant l'exécration publique

---

répondit le général noir, en se jetant à son cou ? Pouvez-vous en douter ? Entrant aussitôt en matière, M. Coisnon reprit : — Général, vous allez entendre vos enfans ; ils sont en ce moment auprès de vous les interprêtes du premier consul et du capitaine-général de la Colonie ; croyez à leur innocence et à la pureté de leurs sentimens ; c'est l'exacte vérité qu'ils vont prononcer.

Alors le fils aîné de Toussaint-Louverture prit la parole, et rendit fidèlement à son père ce que lui avaient dit le premier consul à Paris, et le capitaine-général, tant à Brest qu'au Cap. Pendant ce narré, Toussaint-Louverture garda le plus profond silence. M. Coisnon lui présenta ensuite une boîte renfermant une lettre du premier consul : Toussaint la prit, lut la lettre qu'elle renfermait, et parut en être très-satisfait. Après quelques instans de conversation, M. Coisnon l'exhorta, l'engagea instamment à se rendre auprès du capitaine-général pour être son premier lieutenant, en l'assurant qu'il aimait à croire qu'il n'avait eu aucune part à l'incendie du Cap. Il alla même, pour lui inspirer plus de confiance, jusqu'à s'offrir de rester chez lui en ôtage pour la garantie des

et n'ayant avec lui que quelques centaines d'hommes: en un mot, telle était

---

offres qu'il lui faisait au nom du gouvernement français. Les propositions étaient pressantes, et difficiles à éluder sans exciter des soupçons. Toussaint-Louverture, pour les détourner, répondit qu'il ne lui était pas possible de se rendre pour le moment auprès du capitaine-général, à raison des ménagemens qu'il devait aux autres chefs des noirs dont il venait de recevoir des lettres menaçantes; mais il pria M. Coisnon de lui écrire pour l'engager à suspendre toute attaque, l'assurant que, de son côté, il allait en faire autant. M. Coisnon écrivit aussitôt sous ses yeux au général français, et Toussaint-Louverture lui fit passer la lettre. Le lendemain, M. Coisnon, au moment où le général noir était prêt à partir, renouvela ses pressantes sollicitations pour l'engager à se rendre au Cap. Tout fut inutile; il le décida néanmoins à écrire au capitaine-général, ce qui fut exécuté sur-le-champ. M. Coisnon reprit le chemin du Cap avec les deux enfans de Toussaint-Louverture que leur père avait chargés de remettre ses dépêches au général français. Celui-ci, après en avoir pris lecture, s'occupa de suite d'y répondre, et remit sa lettre aux fils de

la situation des rebelles que leur extermination totale paraissait désormais inévitable. C'est dans ces circonstances critiques qu'ils eurent recours aux moyens perfides dont nous allons rendre compte.

Le premier qui tenta par un démarche simulée de soumission, de détourner l'o-

---

Toussaint pour la lui rapporter eux-mêmes : il les chargea en même-tems d'assurer leur père qu'il était toujours disposé à oublier le passé ; qu'il l'engageait encore à se rendre auprès de lui, afin de concerter ensemble les moyens d'arrêter tous les désordres, en lui donnant sa parole d'honneur qu'il serait son premier lieutenant, et traité avec la plus grande distinction ; enfin, que pour lui donner une preuve de sa bienveillance, il lui accordait un armistice de quatre jours pour se rendre auprès de lui.

C'est pendant ces quatre jours que Toussaint-Louverture ordonna le massacre de tous les blancs de la colonie, et fit ses dispositions de défense. Lassé de tant de perfidie, le général français, avant d'en tirer vengeance, fit publier la proclamation suivante :

« Je suis venu ici, au nom du gouvernement français, vous apporter la paix et le bonheur ; je

rage prêt à les accabler, fut l'incendiaire Christophe : ce scélérat fit dire au général Français — qu'il avait toujours été ami des blancs dont il appréciait plus qu'aucun homme de couleur les qualités sociales et l'instruction ; que tous les euro-

---

craignais de rencontrer des obstacles dans les vues ambitieuses des chefs de la Colonie ; je ne me suis pas trompé.... Aujourd'hui, leurs intentions perfides sont démasquées. Le général Toussaint m'avait envoyé ses enfans avec une lettre dans laquelle il assurait qu'il ne desirait rien tant que le bonheur de la Colonie, et qu'il était prêt à obéir à tous les ordres que je lui donnerais. Je lui ai ordonné de se rendre auprès de moi ; je lui ai donné ma parole de l'employer comme mon lieutenant-général ; il n'a répondu à cet ordre que par des phrases ; il ne cherche qu'à gagner du tems..... Je vais apprendre à ce rebelle quelle est la force du gouvernement français.... J'ordonne ce qui suit : Le général Toussaint et le général Christophe sont *mis hors la loi*. Il est ordonné à tous citoyens de leur courir sus, et de les traiter comme des rebelles à la République Française, etc..... (Proclam. du 28 pluviose an X.)

péens qui avaient été à Saint-Domingue pouvaient attester ses principes et sa conduite ; que les circonstances impérieuses qui décident si souvent de la conduite de l'homme public, ne l'avaient pas laissé le maître de se conduire comme il l'aurait voulu ; enfin qu'il désirait savoir s'il pouvait y avoir encore sûreté pour lui. — Le capitaine général lui fit répondre qu'il y avait toujours avec le peuple français une porte ouverte au repentir ; que l'habitude constante du premier consul était de peser les actions des hommes, et qu'une seule mauvaise, quelles que fussent ses conséquences, n'effaçait jamais en lui le souvenir des services qu'on pouvait avoir rendus ; enfin que pourvu qu'il voulût se mettre à sa discrétion, il aurait lieu d'être satisfait.

Quelques jours s'écoulèrent avant que Christophe fit connaître au général français sa décision ; il fallait bien qu'il communiquât à Toussaint et aux autres chefs militaires les effets de sa démarche et que tout fut réglé de concert pour en tire tout le parti possible; enfin, Christoph fit savoir au capitaine-général qu'il at tendait ses ordres. Celui-ci lui ordonna de se rendre seul au Cap, de renvoyer tous les cultivateurs qu'il avai avec lui, de réunir toutes les troupe qu'il avait sous ses ordres, et de remettr ses magasins et son artillerie; ce qui fu ponctuellement exécuté.

Cette démarche fut bientôt suivie d'une autre qui était sans doute combinée avec la première. On se souvien que Dessalines avait excepté du massacre des blancs, à la Croix-des-Bouquets l'aide-de-camp du général Boudet, que les noirs avaient amené avec eux en évacuant le Port-au-Prince. Traîné depuis de môle en môle, de bois en bois, ving fois cet officier avait été sur le point de recevoir la mort. Enfin, le 8 germinal, il fut arraché à sa position malheureuse : Toussaint-Louverture manda à Dessalines de le lui envoyer. Quand l'officier français fut en sa présence, Toussaint lui représenta la position fâcheuse où étaient les choses ; il lui exprima combien il voyait avec peine se continuer une guerre sans objet et sans but ; enfin il lui témoigna son repentir, et lui proposa de le renvoyer au capitaine-général avec des lettres de conciliation.

Le desir de pacifier la colonie et de faire cesser une guerre mêlée de tant de désastres, fit taire les justes soupçons qu'inspiraient à tous les amis de la France les avances de Toussaint-Louverture : le général Leclerc consentit à un armistice, et il fit dire à Toussaint et aux autres chefs des noirs qu'ils n'avaient qu'à se rendre au Cap, et que l'heure du pardon pouvait encore sonner.

Toussaint-Louverture, Dessalines, et quelques autres chefs subalternes, ne manquèrent pas de profiter de la permission que le général français leur avait donnée ; ils vinrent le trouver au Cap, demandèrent à rentrer en grace, et jurèrent d'être fidèles à la France. Le capitaine-général accepta leur soumission; il ordonna à Toussaint-Louverture de se rendre dans une plantation près des Gonaïves, et il envoya Dessalines dans une autre plantation près de Saint-Marc, avec injonction à l'un et à l'autre de ne jamais sortir de ces lieux sans ses ordres.

Le tems et les événemens n'ont que trop expliqué les intentions secrètes de ces noirs aussi cruels que perfides; leur soumission n'était qu'un sacrifice momentané qu'ils faisaient aux circonstances, et en jurant soumission à la France, leurs mesures étaient déjà prises pour rallier, à des signaux convenus, tous les noirs, reprendre les armes, et attaquer les Français au moment où les maladies et la mauvaise saison auraient paralysé leur bravoure et diminué leurs forces.

Mais ce qui n'a pas encore été assez connu, c'est la trahison dont l'ame ambitieuse et profondément scélérate de Dessalines conçut alors le projet. Cet Africain

Africain, aussi avide de pouvoir que de sang, nourrissait déjà depuis long-tems une haine secrète contre Toussaint-Louverture. L'ambition seule et le desir des richesses avaient pu le tenir attaché à son char. Mais dès qu'il le vit dans la puissance des Français, il résolut de le sacrifier afin de jouir seul de l'effet de leurs manœuvres communes, et de s'approprier le commandement général de la colonie.

Tout fut réglé en effet dans sa conduite, d'après ce projet. Le féroce, l'implacable Dessalines montra un zèle et un devouement sans bornes aux intérêts de la France et de la colonie; il chercha par tous les moyens possibles à faire oublier ses forfaits, et à gagner la confiance du général en chef. Pendant qu'il jouait ce rôle perfide, Toussaint-Louverture, plus fidèle à ses engagemens, préparait sourdement la nouvelle insurrection des noirs; il se portait nuitamment dans différens points de l'île pour y ranimer les esprits, tenait des assemblées secrètes écrivait à ses affidés au Cap, pour se faire rendre compte des effets de la maladie sur l'armée française, et combiner ses dispositions en conséquence de ses progrès. Mais ce n'étaient plus les agens du capitaine-général qui observaient ses démarches ; c'étaient les infâmes Dessalines et Christophe qui s'étaient chargés de cette mission, et qui régulièrement faisaient parvenir au général en chef de l'armée française tous les détails de la conduite de Toussaint-Louverture. « Dessalines et Christophe ont été les premiers à dévoiler les intrigues de Toussaint-Louverture, écrivait-on du Cap dans le mois de thermidor an XI. Le capitaine-général se loue de la conduite de ces deux généraux noirs. Ils sont sans doute auteurs de bien de maux ; mais s'ils continuent à se comporter comme ils le font depuis peu, la clémence du peuple français est sans bornes, et le gouvernement peut encore oublier le passé ».

Enfin la trame ourdie par les deux scélérats qui voulaient arriver à la destruction totale de la colonie, par la perte de celui dont ils enviaient la puissance, eut tout le succès qu'ils pouvaient desirer : une lettre de Toussaint-Louverture, interceptée et remise entre les mains du général Leclerc, acheva de porter la conviction sur les projets de ce chef des noirs ; et le capitaine-général voulant couper court à toutes les conspirations, le fit arrêter avec d'autres généraux dénoncés comme lui, le fit précipitamment embarquer et conduire en France (1).

(1) Il y est mort dans la citadelle de Besançon, où il avait été traduit et enfermé. Toussaint-Louverture était d'une taille médiocre, et d'une complexion faible en apparence. Il avait l'œil vif, rapide et perçant. Sobre par caractère, rien ne mettait obstacle à l'infatigable activité avec laquelle il travaillait au succès de ses projets. Il montait bien à cheval, et marchait toute une journée sans se fatiguer : presque toujours il arrivait seul ou presque seul au terme de ses courses ;

Dès ce moment tous les obstacles furent levés pour le succès des projets am-

---

ses aides-de-camp ou ses domestiques n'ayant pu le suivre pendant une marche, souvent de cinquante ou soixante lieues, exécutée avec une rapidité inconcevable. Il se couchait presque toujours habillé, et donnait très-peu de tems au sommeil et à son repos. Son humeur était sombre et taciturne; il parlait peu et très-mal la langue française. Toutes ses actions étaient couvertes d'un voile d'hypocrisie si profond, que, quoique sa vie fût une suite continuelle de trahisons, de perfidies et d'actes d'une férocité inouie, il avait encore l'art de tromper ceux qui l'approchaient sur la pureté de ses sentimens. Son caractère était un mélange affreux de fanatisme et de penchans atroces; il passait froidement de l'autel au carnage, et de la prière aux sombres combinaisons de la perfidie. Toussaint-Louverture au reste ne voulait ni de la liberté des noirs, ni de la domination des blancs; il détestait à mort les mulâtres dont il avait presque éteint la race; il méprisait les siens qu'il faisait servir d'instrumens à ses vues ambitieuses, et dont il ordonnait sans pitié le massacre, dès que son pouvoir se trouvait un instant menacé.

bitieux de Dessalines. Seul général divisionnaire dans l'armée des noirs, et le second après Toussaint-Louverture; il était naturel que les regards des révoltés se portassent sur lui, que les chefs militaires lui déférassent le commandement général, et le reconnussent pour leur supérieur. Cependant l'instant où il devait consommer sa trahison à l'égard des Français n'était pas encore venu; après avoir livré Toussaint-Louverture et s'être fait un nouveau mérite auprès du général français de cette preuve de dévouement, il continua ses services avec la même apparence de fidélité. Le général Leclerc lui ayant confié le désarmement des nègres dans quelques quartiers encore insurgés, il mit dans cette opération une telle activité, et ses dispositions furent suivies d'un tel succès, que le capitaine-général, dans un *ordre du jour* du 10 thermidor an XI, s'empressa de lui en témoigner publiquement sa satisfaction.

Ce fut pendant ce court espace de

tems, employé par Dessalines à combiner tous les moyens de la nouvelle insurrection qu'il méditait, que s'opéra, par les soins du général Leclerc, la réorganisation si étonnante de la colonie de Saint-Domingue : déjà les plus justes espérances promettaient aux infortunés colons un avenir prospère, et semblaient annoncer la fin de leurs maux ; déjà les ports de l'île, rouverts au commerce, se remplissaient des richesses des deux mondes : encore quelque tems de calme, et tous les désastres de Saint-Domingue étaient réparés et effacés ; la colonie reprenait le rang qu'elle avait occupé dans le monde commerçant, et la métropole retrouvait dans ses relations avec elle toutes les sources de son antique prospérité. Mais, hélas! ces jours d'espérances si consolantes devaient à peine se montrer. Déjà dès le commencement de fructidor, un nommé *Belair*, atroce africain, jusqu'alors soumis à la république et secrètement encouragé par Dessalines s'insurgea sur les hauteurs de l'Artibonite ; une partie des troupes coloniales qui était à la solde des Français, se joignit à lui. Il fallut l'attaquer : après différens combats, le misérable fut pris avec son horrible femme (1). Une com-

---

(1) C'était une bête féroce, sous la forme humaine : elle s'acharnait surtout contre les malheureux prisonniers qu'elle mutilait elle-même et dont elle déchirait les entrailles avec une sorte de jouissance : elle était toujours dégouttante de sang, et couverte de quelque trophée de sa cruauté. En général les négresses et les femmes de couleur ont pris à Saint-Domingue une part très-active et très-directe aux crimes, et aux excès de tout genre qui ont rendu si affreux les désastres de cette colonie. Toujours, et par-tout, on les a vues figurer dans les scènes les plus atroces ; il a peut-être péri plus de prisonniers par leurs mains que par celles des noirs, et on leur attribue des raffinemens de barbarie et de cruauté plus révoltans encore que ceux qu'on reproche aux féroces soldats de cette armée. Souvent aussi on les a vues prendre part aux combats avec une fureur et un acharnement incroyables. Placées dans certaines occasions derrière les combattans, elles les exci-

mission militaire les condamna tous les deux à la mort.

Dans le mois de vendémiaire d'autres insurrections éclatèrent : un nommé *Sans-Souci*, jusqu'alors confondu dans la dernière classe des nègres, rassembla autour de lui quelques malheureux *Congos*, et mit le feu à plusieurs habitations. Poursuivi par le général qui commandait la partie du nord, il s'enfonça dans les mornes les plus éloignés, et ne reparut plus.

Cependant les chaleurs devenaient excessives, et il était désormais impossible de faire aucun mouvement. Les mornes les moins élevés présentaient des obstacles en proportion de l'incommodité de la température. D'un autre côté, les hôpitaux se remplissaient de malades, et

---

taient par des cris de rage à se battre en désespérés ; et lorsqu'il arrivait à ceux-ci de céder à quelque choc et de reculer, elles les poursuivaient avec des imprécations affreuses.

chaque

chaque jour la maladie faisait des ravages affreux.

Ce fut alors que Dessalines, Christophe et Clervaux levèrent hautement le masque, et donnèrent de toutes parts le signal de l'insurrection : elle s'étendit aussitôt dans les quartiers de la Marmelade, du Dondon, du Moustique, du Sud, de Jérémie, de Leogane, de Jacmel et des Bains. Là, malgré le courage et la résistance de nos troupes, reparurent les torches de l'incendie, et tous les instrumens de la destruction. Mais c'est sur-tout dans la partie du nord où se trouvaient Dessalines et Christophe, que s'exerçaient les plus affreux brigandages : tout ce qu'avait relevé l'industrieuse activité des habitans, devint en peu de tems la proie des flammes ; rien n'était épargné, par ces scélérats, dont la fureur ranimée s'étendait comme un torrent, et frappait de mort et de destruction tout ce qu'elle rencontrait.

Dans les derniers jours de vendemiaire, le général en chef voyant la saison un peu rafraîchie, et impatient de tirer vengeance de la perfidie des noirs, ordonna au général Boudet de se replier sur lui, résolu d'exterminer à tout prix les brigands : mais le sort en avait décidé autrement; tombé malade dans les premiers jours de brumaire, le général en chef mourut le onze. L'armée, témoin de sa sollicitude, de son travail constant, de son activité infatigable, pleura en lui un chef et un père. Au bruit de sa mort, les brigands ayant à leur tête le féroce Dessalines, s'avancèrent avec d'effroyables cris jusqu'aux portes du Cap, menaçant de mettre tout à feu et à sang; mais le général de division *Clausel* leur opposa de toutes parts une résistance qui les força à la retraite. Le 15 suivant, les circonstances devenant plus urgentes par l'augmentation successive des révoltés ; les généraux qui étaient au Cap résolurent de marcher à l'ennemi, et une attaque générale eut lieu. Dessalines ne résista pas long-tems à l'impétuosité française : vaincu, taillé en pièces, et poursuivi, il évacua la plaine et se réfugia dans les mornes.

Depuis cette époque, cet africain ne reparut plus en campagne, mais s'arrogeant les droits et les prérogatives du commandement général, il faisait parvenir ses ordres aux chefs militaires, et les distribuait dans les positions qu'il jugeait à propos de leur confier. Il se forma une garde et un état-major nombreux, avec lesquels il parcourait les quartiers insurgés, commandant des incendies, et présidant à des massacres.

Cependant son autorité n'était pas tellement affermie qu'il n'eût souvent occasion d'exercer sa cruauté envers les siens. Plusieurs chefs militaires, instruits de sa perfidie envers Toussaint-Louverture, avaient osé manifester hautement leur indignation : d'autres refusaient de reconnaître son autorité et annonçaient des prétentions alarmantes pour son ambition. Voici comment Dessalines réprimait ces mouvemens. Un jour il manda auprès de lui, sous divers prétextes, tous les chefs militaires qu'on lui avait désignés comme ambitieux ou mécontens, et quand ils furent en sa présence il les fit entourer et poignarder par ses gardes. Une autre fois ayant été informé qu'un corps de sept mille noirs, commandé par un chef mulâtre, s'était mis en insurrection, etrefusait de reconnaître ses ordres; aussitôt il marche à eux à la tête d'une troupe d'élite, les surprend, et les fait désarmer; puis, tenant une sorte de conseil de guerre, il les fait condamner aux flammes. Ces malheureux furent en effet liés, garrotés et enfermés dans des habitations abandonnées, auxquelles on mit le feu, et où ils périrent tous, en poussant des cris effroyables. Pendant cette exécution, la femme d'un de ces infortunés qui brûlaient, furieuse et désespérée, arrive jusqu'à Dessalinesqui souriait au spectacle horrible qu'il avait sous les yeux; elle allait lui enfoncer un couteau dans le cœur, l'orsqu'elle tomba elle-même sous les coups d'un des gardes du monstre, qui lui fendit la tête en deux. Cette malheureuse avait trois enfans en bas-âge, Dessalines les fit saisir et jetter dans les flammes.

C'est par des actes pareils de cruauté que ce barbare africain cimentait sa domination : agens fidèles de sa férocité, Christophe et Clervaux, la secondaient ailleurs par des excès effroyables. Malheur aux français qui tombaient entre les mains de ces tigres! ils devenaient les objets déplorables d'une barbarie dont les détails feraient frémir, si la plume ne se refusait pas à les décrire : c'était la plus cruelle des scènes d'horreur qui se fussent encore passées sur le sol malheureux de Saint-Domingue.

Cependant la guerre s'était rallumée en Europe, entre la France et l'Angleterre. Cette dernière puissance n'avait pas vu sans un dépit profond, l'ordre se rétablir à Saint-Domingue, et cette colonie se relever enfin de ses ruines. Sans fomenter ouvertement la dernière insurrection des noirs commandée par Dessalines; elle n'avait point été étrangère aux événemens affreux qui avaient tout à coup changé la face des choses à Saint-Domingue et replongé ce malheureux pays dans un abyme de maux (1). Le

---

(1) La cause éternelle des malheurs de Saint-Domingue est toute entière dans les fureurs sombres et jalouses de l'Angleterre, qui jamais n'a pu supporter l'idée de la possession de cette riche colonie par les Français. C'est elle qui au commencement de la révolution, s'empressa de nourrir, d'enflammer cette agitation vague et sourde qu'avaient répandue parmi les cinq cents mille nègres de cette île, l'imprudence de quelques colons et l'imprudence plus coupable encore de ces hommes qui s'intitulaient si faussement *les amis des noirs*.

On imprimait régulièrement à Londres, et sous les yeux du ministère, des milliers d'exemplaires de tous les discours qui se prononçaient dans les réunions fanatiques des amis des noirs, tant en

parlement anglais avait retenti plus d'une fois des alarmes qu'inspirait au com-

---

France qu'en Angleterre, ainsi que des projets qu'on y présentait : on les ornait d'un commentaire dans lequel on rendait compte des vains efforts que ces prétendus philantropes faisaient en faveur de la liberté des nègres, et des obstacles qu'ils trouvaient à leurs vues libérales, dans l'orgueil et dans la cupidité des colons. Cette précieuse cargaison d'écrits incendiaires était de tems en tems adressée à un officier des douanes à la Jamaïque, chargé par le ministère de la faire reverser sur les côtes de Saint-Domingue.

Quand l'agitation fut à son comble; sous le prétexte de garantir les colonies anglaises du contre-coup de l'explosion qui était prête à se manifester à Saint-Domingue, le ministère britannique fit passer à la Jamaïque et aux Barbades, une quantité incalculable de munitions et d'armes de toutes espèces, qui, de même que les écrits incendiaires passèrent entre les mains des noirs de la colonie française.

Pendant les dix derniers mois de paix qui à peine ont été sentis en Europe, le ministère anglais n'a pas cessé un instant d'être en état de guerre avec St-Domingue. La croisière anglaise était très-suivie sur les côtes de cette île : Toussaint-Louverture

merce de la Grande-Bretagne la restauration de cette île, et ces plaintes n'a-

---

entretenait des intelligences à la Jamaïque : quelque tems avant l'arrivée de l'expédition française, un nommé *Bunel*, ex-trésorier de la colonie, créature de Toussaint, y avait été envoyé pour traiter avec les anglais de la Jamaïque. Toussaint lui-même y avait des fonds.

Mais voici d'autres faits aussi authentiques encore. La corvette la *Bayonnaise*, capitaine *Plassan*, allant à Santo-Domingo, trouva une frégate anglaise, sur la côte du Sud, très-proche de terre, ayant un canot en mer qui allait à terre, dans un quartier insurgé. Le capitaine français manœuvra de manière à passer entre la côte et la frégate anglaise, et représenta au capitaine anglais que sa conduite était contraire aux loix de la marine; qu'il ne devait point approcher de la côte; mais seulement entrer dans un port s'il avait des besoins. Le capitaine anglais rappella à lui sa chaloupe, et s'éloigna. C'était la frégate la *Cerf-Bas*, capitaine *Magnémaara*. Cette frégate était continuellement en croisière sur les côtes de Saint-Domingue. Une autre corvette anglaise étant venue mouiller à Jacmel, pendant que cette place était cernée par les rebelles, y resta plusieurs jours comme alliée et amie : tout à coup elle disparut

vaient manifesté que trop l'intention où l'on était à Londres d'opérer un nouveau bouleversement dans cette colonie. Il n'y a même pas de doute que ce fut là le principal motif de la rupture, si outrageante pour les nations, du traité d'A-

---

du port sans en prévenir le général *Pageot* qui commandait dans la place, et le lendemain, elle fut apperçue dans une baie près de Jacmel, communiquant par ses canots avec les rebelles. Dans une attaque que fit le général Clauzel au Limbé, les troupes françaises distinguèrent un officier blanc parmi les rebelles, ayant le costume d'officier anglais. Un nègre prisonnier fit le rapport que c'était effectivement un officier anglais.

Ainsi, quand la France, en faisant passer des troupes à Saint-Domingue, exerçait la dangereuse générosité de stipuler pour le monde colonial, et de garantir la Jamaïque elle-même en soumettant les rebelles de Saint-Domingue, l'Angleterre portait aux noirs des secours, des armes et des plans de rebellion contre la France, *pendant la paix*. Cette affreuse conduite ne peut s'expliquer que par les calculs d'une administration mercantile et par l'infamie d'un gouvernement homicide.

miens par le ministère britannique. Il espérait que le gouvernement français ne pouvant plus porter des forces à Saint-Domingue, les nègres révoltés parviendraient à anéantir celles qui y étaient déjà, et qu'en devenant ainsi les maîtres de la colonie, ces noirs ignorans et féroces y opéreraient une telle destruction d'hommes et de choses qu'elle serait effacée pour long-tems du nombre des possessions utiles au commerce d'Europe, ou qu'en dernière analyse, il serait facile à l'Angleterre d'y exercer une influence exclusive.

Les événemens ne répondirent que trop à cette attente homicide du ministère britannique. A peine la nouvelle de la rupture entre la France et l'Angleterre fut-elle connue à Saint-Domingue, que l'insurrection des nègres devint plus alarmante et plus générale : ceux qu'avait contenus jusqu'alors la présence des troupes françaises, abandonnèrent la culture, et allèrent se joindre aux troupes de Dessalines : les régimens noirs que le général Leclerc avait incorporés dans l'armée française désertèrent; la rage et la vengeance rentrèrent dans le cœur de ces féroces africains avec leur audace. Assaillis à la fois dans toutes leurs positions, les français furent obligés de céder au nombre et de se replier dans les places fortes : tout leur manqua à la fois, et les secours d'Europe que menaçaient d'intercepter les flottes anglaises, en croisière sur les côtes de Saint-Domingue ; et le secours des colons que la crainte avait abattus et qui fuyaient de toutes parts une terre dont les malheurs étaient au comble; et les subsistances qui ne leur venaient plus des îles voisines et amies.

Dans cette situation critique, l'héroïsme des troupes françaises sembla redoubler : le général *Rochambeau* qui avait succédé au général Leclerc, épuisa pour la defense de la colonie, tout ce qu'il est permis d'espérer du génie le plus fécond en ressources, et d'une valeur à toute épreuve : mais la lutte était trop inégale pour durer long-tems. Armés par les anglais, conduits par leurs officiers et secondés par leurs vaisseaux, les soixante mille noirs que commandait Dessalines, l'emportèrent enfin sur une poignée de guerriers français, accablés de fatigues et affaiblis par les ravages d'une maladie contagieuse. Les places de la colonie capitulèrent successivement, et bientôt il ne resta plus à la merci de la férocité des noirs, que les colons qui n'avaient pu fuir, ou ceux qui avaient preféré leur sol natal avec tous les dangers qu'ils pouvaient y courir, à une terre étrangère.

L'évacuation du môle Saint-Nicolas, dernier poste occupé par l'armée française fut remarquable par des circonstances qui méritent d'être décrites. Cette place avait été bloquée pendant cinq mois par terre et par mer et canonnée journellement par des batteries qui la dominaient. Le général *Louis*

Noailles, commandant la division de l'armée, retirée dans cette place, avait été sommé six fois de se rendre, et chaque fois il avait refusé de capituler avec des anglais et des brigands; enfin se voyant dans l'impossibilité de tenir plus long-temps sans compromettre la vie des français qu'il commandait, il se décida à évacuer la place. Le 14 frimaire (an XII) toutes les pièces de gros calibre furent enclouées, les affûts brisés, et tout l'attirail militaire détruit; les poudres et toute l'artillerie en bronze furent embarquées, et les troupes, pendant toute la journée du 14, se rendirent à bord, en présence des brigands campés sur les mornes qui dominent la ville, et de la frégate Anglaise la *Pique*, mouillée dans la passe. Aussi intrépide dans l'exécution que ferme dans ses desseins, le général Noailles tint la droite des retranchemens jusqu'à minuit avec soixante hommes, tandis que le chef d'escadron *Lafortelle* conservait la gauche avec une compagnie de la trente-unième jusqu'à la même heure : le général et le chef d'escadron s'embarquèrent les derniers dans un canot. La flotille qui portait ces braves français, composée de neuf petits bâtimens, arriva sans danger à Baracoa, île de Cuba, où elle fut reçue avec enthousiasme par les Espagnols et les habitans réfugiés de Saint-Domingue (1).

---

(1) Le général Noailles, après une relâche de quelques jours, se dirigeait de Baracoa sur la Havane, où sa division devait se réunir. Dans la seconde nuit de la traversée, la goëlette *le Courrier*, qui le portait, et qui escortait le convoi, s'étant séparée, fut attaquée par un corsaire anglais ; les deux bâtimens s'étant approchés à portée de pistolet, le général Noailles s'écrie : *Feu par-tout et à l'abordage.* Il fut exécuté sous le feu à mitraille. Soixante Anglais furent tués et le bâtiment enlevé. Pendant cette terrible action, le général Noailles, quoique blessé mortellement d'un coup de mitraille, ne cessa de crier *à l'abordage*, et il ne quitta le pont pour se faire panser qu'après l'affaire qui dura quinze minutes.

Une particularité d'une autre nature, signala la capitulation du Port-au-Prince. Ce furent les anglais qui en dictèrent les conditions ; mais au moment de les exécuter, ils ouvrirent les portes aux noirs, et livrèrent ainsi au fer de ces brigands tous ceux qui n'ayant pas eu le temps de fuir, ne purent éviter de devenir la proie de leur férocité.

On ne sait ici quels furent les plus barbares, ou des satellites de Dessalines, qu'une aveugle rage entraînait à tous les crimes, ou des anglais, qu'une froide combinaison d'intérêts rendait plus sanguinaires encore. Comment raconter leur conduite odieuse à l'égard des colons réfugiés, pour qui le comble du malheur, après avoir échappé au fer des africains, était de tomber entre les mains

---

Cet intrépide général mourut sept jours après, de sa blessure, à la Havane, emportant les regrets et l'amour des soldats, dont il avait toujours partagé les fatigues et la misère.

des perfides anglais ? Tantôt ils allaient offrir à ces malheureux de les conduire, moyennant une légère rétribution, là où ils voudraient se retirer ; et lorsque les colons, embarqués sur la foi du traité, étaient en pleine mer, on les fouillait sans pudeur, on les dépouillait sans pitié, on les déclarait de bonne prise, et on les transportait prisonniers à la Jamaïque. Ailleurs, des Croiseurs anglais attendaient sur leur passage les bâtimens américains venant des ports de Saint-Domingue, les visitaient ; et si des français s'y trouvaient, ils étaient dépouillés un à un, de la manière la plus scandaleuse, entassés dans des bâtimens dépourvus de provisions, emmenés prisonniers ou rejettés sur le sol meurtrier qu'ils fuyaient (1).

(1) Consignons ici, pour reposer l'ame de nos lecteurs de tant d'atrocités, un trait honorable d'humanité.

Vingt-deux français, pris à leur départ de Saint-Domingue, et dépouillés de tout par des croiseurs

Mais

Mais ces actes de lâcheté et de barbarie, quelque odieux qu'ils soient, ne sont rien encore en comparaison de ceux qu'il nous reste à décrire. C'est ici sur-tout, c'est en approchant de l'épouvantable catastrophe qui a terminé à Saint-Domingue, la sanglante tragédie qui y durait depuis douze ans, que nous sentons le besoin de reprendre des forces : la nature humaine ne semble

anglais, furent conduits à la Jamaïque, d'où Il leur fut permis de passer aux Etats-Unis. Ils y arrivèrent sans ressources et sans titres pour réclamer des secours que les agens français ne sont autorisés à accorder qu'aux employés du gouvernement. Le frère de l'Empereur des français, *Jérôme Bonaparte*, qui se trouvait à Philadelphie, ne fut pas plutôt instruit de la situation de ses malheureux compatriotes, qu'il s'empressa de venir à leur secours, paya leur passage, et subvint à leurs plus pressans besoins, n'exigeant d'eux que le secret. Ce secret a été divulgué par la reconnaissance qui se plaît toujours à publier les bienfaits reçus, sur-tout quand ils sont couverts du voile de la modestie.

pas faite pour supporter le poids de tant d'atrocités.

Aussi-tôt après l'évacuation entière de l'Ile de Saint-Domingue, par les troupes françaises, Dessalines, qui méditait déjà le projet de l'extermination totale des blancs de la colonie, crut cependant devoir le cacher sous une apparence de bienveillance. Ses mesures sans doute n'étaient pas suffisamment prises encore pour l'exécution sûre et entière de ce forfait. Il fallait s'entendre sur cet objet avec les anglais, qui, tenant la mer, pouvaient ôter aux colons tout moyen de salut de ce côté; il fallait, en même-temps, établir des cordons de troupes pour fermer aux malheureux proscrits toute communication avec la partie espagnole, seul refuge du côté de la terre; et pour exécuter toutes ces mesures, il fallait annoncer des dispositions qui remplissent le double but, et de retenir les colons, en les rassurant, et de laisser à ses agens le temps de tout arranger pour le grand attentat qu'il méditait.

C'est d'après ces vues qu'il fit publier, en son nom, et au nom des chefs militaires Christophe et Clervaux, une proclamation dont voici quelques traits (1) :

(1) On a douté, et avec raison, que cette proclamation de Dessalines, ainsi que celles qui l'ont suivie, fussent de lui : mais a-t-on donc oublié que les anglais sont là, et qu'après avoir imprimé leur caractère de barbarie et d'inhumanité à tous les projets de Dessalines, ils l'ont également imprimé aux proclamations de ce brigand ? Qui a pu méconnaître le cachet du ministère britannique dans ces écrits calomniateurs de Dessalines, où, pour justifier en quelque sorte ses affreux forfaits, il peint les français comme un peuple de cannibales, dont les atrocités ont mérité la terrible vengeance qu'il en a tiré ? N'est-ce pas là un des mille moyens employés par la perfidie anglaise, dans le dessein de couvrir à-la-fois la lâcheté qu'ils ont eu de tremper dans l'horrible attentat de l'africain Dessalines, en le faisant retomber tout entier sur lui, et de calomnier en même-temps la nation française ?

« L'indépendance de Saint-Domingue est proclamée. Rendus à notre dignité primitive, nous avons recouvré nos droits ; nous jurons de ne jamais les céder à aucune puissance, quelle qu'elle soit sur la terre : le voile effroyable du préjugé est mis en pièces et l'est à jamais. Malheur à quiconque oserait tenter d'en rajuster les sanglans lambeaux ! »

« O propriétaires de Saint-Domingue, errans dans des contrées étrangères, en proclamant notre indépendance, nous n'avons nullement l'intention de vous empêcher, sans distinction, de rentrer sur vos propriétés ! Loin de vous une idée si injuste. Nous n'ignorons point qu'il en est quelques-uns parmi vous qui ont renoncé à leurs anciennes erreurs, abjuré l'injustice de leurs exorbitantes prétentions, et reconnu la légitimité de la cause pour laquelle nous avons répandu notre sang durant ces douze dernières années. Avec ces hommes qui nous rendent justice, *nous agi-*

rons en frères ; qu'ils comptent à jamais sur notre estime et notre amitié ; qu'ils reviennent parmi nous ; le Dieu qui nous protège, le Dieu des hommes libres nous ordonne de leur tendre nos bras vainqueurs ».

« Mais quant à ceux qui, enivrés d'un fol orgueil, esclaves intéressés d'une coupable prétention, sont assez aveugles pour penser qu'ils forment l'essence de la nature humaine ; qu'ils n'approchent jamais de la terre de Saint-Domingue ».

« Nous avons juré de n'écouter la voix de la clémence envers aucuns de ceux qui oseraient nous parler d'esclavage. Rien n'est trop cher, et tous les moyens sont légitimes pour des hommes auxquels on desire d'arracher la première de toutes les bénédictions ».

« Si, dans les différentes insurrections qui ont eu lieu, quelques habitans, dont nous n'avions pas lieu de nous plaindre, ont été les victimes d'un petit nombre de soldats ou de cultivateurs ;

trop aveuglés par le souvenir de leurs souffrances passées pour être capables de distinguer les propriétaires bons et humains, d'avec ceux qui ont été inhumains et cruels ; nous pleurons avec toutes les ames sensibles une fin aussi déplorable ; et nous déclarons au monde, quoiqu'il puisse être dit de contraire par des gens pervers, que ces meurtres se sont commis contre le vœu de nos cœurs.... Mais aujourd'hui que l'aurore de la paix nous laisse appercevoir la perspective d'un temps moins orageux,.... toute chose dans Saint-Domingue doit prendre une face nouvelle, et son gouvernement doit être désormais celui de la justice.... »

Cette proclamation insidieuse eut tout l'effet que Dessalines pouvait en attendre. Beaucoup de colons que la terreur avait dispersés, s'empressèrent de rentrer dans leurs foyers, et ceux qui avaient eu le courage pénible de rester, rassurés et tranquillisés, ne songèrent plus à fuir.

Malheureuses victimes ! quelle déplorable sécurité les rassemblait sous le couteau qui devait les confondre toutes dans la même catastrophe !

Tandis que les esprits se rassuraient sur les intentions des noirs, leur chef perfide accélérait, par tous les moyens possibles, l'instant fatal ; il parcourait les divers quartiers de la colonie, rassemblait les chefs militaires, les échauffait au carnage, et s'assurait de leur zèle, en les liant à l'exécution de ses forfaits, par les sermens les plus affreux. D'un autre côté il correspondait, de la manière la plus active et la plus intime avec le gouverneur de la Jamaïque. Ces deux hommes, unis par les mêmes intentions, et sur-tout par les mêmes desirs, s'envoyaient réciproquement des dépêches, des parlementaires et des présens : c'est dans leur correspondance que tout fut réglé sans doute, relativement au sort des habitans de Saint-Domingue. La seule opposition du gouverneur de la Jamaïque au projet médité de Dessalines, eût suffi pour en arrêter les effets : il est donc hors de doute que ce barbare anglais, agissant d'après les instructions de son atroce ministère, signa la mort de tous les français qui habitaient Saint-Domingue, et les livra sans retour au poignard des noirs.

Enfin, lorsque tout fut prêt, lorsqu'il fut certain qu'aucune des victimes ne pouvait échapper, parut un arrêté de Dessalines qui devint le signal des assassinats.

« Le gouverneur général d'Hayti (1), portait cet arrêté, considérant qu'il reste encore dans cette île des personnes qui ont contribué, soit par leurs écrits, soit par leurs accusations à faire noyer, suffoquer, assassiner, pendre ou fusiller plus de

(1) *Hayti* ou *Bayti* était le nom que portait autrefois l'île Saint-Domingue, avant que les européens en fissent la découverte. Christophe Colomb, en prenant possession de cette colonie, l'appella *Hispaniola* ou l'île espagnole ; et enfin Barthelemi Colomb, frère de cet illustre navigateur en fondant en 1498, Santo-Domingo lui donna le nom qu'elle a toujours retenu depuis.

soixante

soixante mille de nos frères ; que ces individus doivent être mis dans la classe des assassins, et livrés au glaive de la justice ; décrète ce qui suit :

« Les commandans de division feront arrêter, dans l'étendue de leurs arrondissemens respectifs, toutes les personnes qui seront connues pour avoir pris une part active aux divers massacres et assassinats qui ont eu lieu pendant le cours de la dernière guerre. Les noms et surnoms des personnes exécutées, par suite du présent décret, seront portés sur une liste qui sera, de suite, adressée au général en chef, et qui sera par lui rendue publique ».

« Cette mesure a pour objet d'apprendre à toutes les nations, que, tout en accordant asyle et protection à ceux qui en usent à notre égard avec franchise et amitié, nous ne serons déterminés par aucune considération, à détourner notre vengeance de dessus ces meurtriers qui se sont baignés dans le sang des enfans d'Hayti, etc. »

De quel coup ne durent pas être frappés les habitans de Saint-Domingue à la nouvelle de cet arrêté de sang et de mort ! Qui pourrait peindre l'horreur, l'effroi, le silence glaçant de tous ces infortunés, qui passaient si rapidement de l'espérance aux angoisses cruelles du désespoir ? Où fuir, où trouver un asyle sur cette terre, couverte, de toutes parts, de bourreaux et d'assassins ? Quel sentiment invoquer auprès de ces hommes féroces, accoutumés à verser sans pitié le sang humain, et à ne suivre que les mouvemens furieux de leur vengeance ?

L'ardeur impatiente des assassins vint terminer bientôt ces perplexités. D'abord on voulut mettre quelques formes dans l'exécution des victimes, en établissant des simulacres de tribunaux, devant lesquels on les traduisait pour y entendre leurs jugemens ; d'abord la proscription ne parut atteindre que quelques familles et semblait devoir se borner là ; d'abord enfin on voulut faire des exceptions en faveur des femmes en état de supporter les travaux de la culture ou de servir à la lubricité des brigands : mais bientôt on se lassa de toutes ces restrictions ; peu à peu la proscription fut universelle, et enfin un voile de sang et de mort s'étendit sur toute la surface de la colonie (1).

O forfait exécrable! ô honte à révéler à l'histoire! Tandis que s'exécutait l'attentat le plus inoui qui soit consigné dans l'histoire; tandis que des brigands fu-

---

(2) L'assassinat des habitans de Saint-Domingue dura près de trois mois, avec des circonstances et des détails qui épouvanteront les humains, quand l'histoire les aura recueillis. Ceux que l'on connaît déjà glacent d'horreur. Qui n'a pas entendu parler du genre de mort de l'infortuné M. *Lacaussade*, de Bordeaux, qui, après avoir mis à la discrétion de Dessalines et de son état-major, qui étaient venus chez lui, tout ce qu'il pouvait posséder dans sa maison, fut saisi par ces scélérats, à la fin du repas qu'il leur avait fait servir, et étendu sur la table où ils avaient mangé. Là, ces cannibales, gorgés de vin et de viandes, enfoncerent tour-à-tour, et à des intervalles égaux, leur poignard dans le sein de leur victime, jusqu'à ce que, ne donnant plus aucun signe de vie, elle cessa d'exciter leur rire par les convulsions de la plus affreuse des agonies. Cette scène d'horreurs fut terminée par le massacre de tous les autres habitans de la maison.

rieux poursuivaient sur les montagnes, dans les plaines, dans les forêts, leurs victimes éperdues, qui demandaient protection et secours à la nature entière; tandis que l'innocence, la vertu, la vieillesse, la pudeur, et tout ce qu'il y a de plus saint parmi les humains, tombait égorgé sous le poignard d'une troupe de féroces brigands, plus semblables à des tigres déchaînés qu'à des hommes... *des bâtimens anglais* croisaient de plus près et en plus grand nombre sur tous les points par lesquels auraient pu échapper au carnage les malheureux débris de la population des français; et comme si cette précaution déjà si atroce n'eut pas encore suffi, ces mêmes croiseurs anglais, retenaient, dans le plus grand éloignement possible de la côte, tous les bâtimens neutres qu'ils rencontraient dans ces parages, de peur qu'ils n'allassent secourir quelque malheureux échappé à la mort!

Est-il dans la langue des humains

quelque expression qui puisse donner l'idée d'une telle barbarie ? Fut-il jamais une combinaison plus atroce, et plus digne de la vengeance du ciel et des hommes ? Que l'africain féroce égorge sans pitié, il ne fait que suivre les malheureux penchans qu'il a puisés dans les climats barbares qui l'ont vu naître, et au milieu des animaux sanguinaires qui l'habitent : mais que l'Anglais, parvenu au plus haut point de civilisation ; que l'Anglais, formé à l'école des mœurs européennes, des religions douces et humaines qui sont fondées sur l'évangile, et des relations politiques et sociales des peuples policés, se prête à l'exécution d'un forfait tel que celui dont il s'agit, pour le couronner par la plus exécrable des complicités, voilà ce qui est aussi horrible à concevoir qu'affreux à supporter ! (1)

(1) N'abandonnons point la scène d'horreurs qui s'est passée à Saint-Domingue, sans rendre compte

Que dire encore de cet autre anglais, capitaine de la goëlette *la Supérieure*, qui, après s'être emparé du corsaire *le Serpent*, monté de quarante-sept fran-

---

de la conduite à jamais glorieuse de quelques soldats français, laissés dans les hôpitaux du Cap, lors de l'évacuation de cette place par l'armée française.

Ces militaires apprenant le massacre des blancs, sentirent leurs forces et leur courage renaître avec l'indignation que leur inspirait un pareil forfait. Ils quittent le théâtre de leurs souffrances, s'arment de tout ce qu'ils peuvent rencontrer sous leurs mains, et courent à la défense de leurs compatriotes. —Arrêtez! arrêtez! s'écriait l'un d'eux, après avoir vainement essayé d'arracher à la mort un groupe de femmes et d'enfans qui fuyaient le fer des brigands; c'est nous qui sommes venus ici pour vous combattre; c'est nous que vous devez immoler, et non ces faibles et innocentes créatures qui ne vous ont jamais fait de mal. — Ces généreux guerriers périrent tous victimes de leur généreux dévouement, après avoir couvert de leur corps jusqu'à leur dernier soupir, les infortunés habitans qui étaient venus se rallier autour d'eux.

çais, alla les livrer aux noirs qui occupaient le môle Saint-Nicolas, malgré qu'il leur eût donné sa parole d'honneur, qu'ils n'avaient rien à redouter de sa part? Ces malheureux, aussitôt qu'on les eut mis à terre, furent dépouillés de leurs habits, attachés deux à deux et conduits dans les bois où ils furent massacrés.

Après de pareils actes de condescendance, il était naturel que les anglais en demandassent le prix. Déjà les journaux britanniques avaient rétenti des grands avantages que devait procurer au commerce de la Grande-Bretagne la possession exclusive de Saint-Domingue par les nègres insurgés et vainqueurs. *Nulle autre puissance ne pouvait les soutenir dans leur indépendance, et nulle autre puissance n'avait le droit de jouir des effets de cette influence.*

En conséquence, d'après les ordres du ministère britannique, un agent anglais fut dépêché de la Jamaïque, à bord de la frégate *The Tartar*, pour aller porter à Dessalines les propositions d'un traité, dont les bases étaient à-peu-près semblables à celles qui avaient été consenties entre Toussaint-Louverture et le général anglais *Maylant*. (Voyez la note, page 48.) Le négociateur anglais eut une audience de Dessalines, qui mit en avant des prétentions et des conditions si extravagantes qu'il fut impossible d'y souscrire. Dessalines voulait une liberté complète et entière de commerce, et la faculté pour ses vaisseaux de naviguer aussi loin qu'ils pourraient aller. Il exigeait de plus que les anglais s'engageassent à le fournir d'armes, de munitions et même de nègres. Pendant plus de cinq jours que l'agent anglais et sa suite restèrent au Port-au-Prince, ils ne purent obtenir qu'une seconde entrevue. Dessalines en profita pour faire revivre d'anciennes plaintes de Toussaint contre l'Angleterre;

et pour montrer qu'il se défiait extrêmement de la sincérité de son ministère. Il fit valoir la confiance qu'il inspirait à toute la colonie, et les sentimens d'indépendance qui animaient son gouvernement ; et il assura que ces sentimens étaient tels qu'il n'était pas le maître d'accéder aux propositions que l'Angleterre lui faisait. Enfin, quant à la proposition qui lui avait été faite par l'agent anglais de remettre aux troupes britanniques, pendant la guerre seulement, le poste du môle, pour garant de sa fidélité ; Dessalines répondit négativement, ajoutant qu'il avait donné l'ordre de détruire toutes les fortifications de cette place du côté de la mer, comme on avait fait de celles du Port-au-Prince, et que pareille mesure allait être prise pour toutes les places de la colonie.

L'agent anglais retourna à la Jamaïque avec les propositions de Dessalines rédigées par écrit. Au bout de huit jours, il revint à Saint-Domingue avec l'*Ultimatum* du gouvernement britannique, qui, à l'exception de quelques modifications, différait peu des premières propositions. Dessalines, loin de diminuer ses prétentions, les exagéra davantage encore; il exigea qu'avant tout, et comme mesure préliminaire, le gouvernement anglais lui fournit un million de livres de poudre, cinquante mille fusils, et des munitions en proportion; de plus cinquante mille sabres pour l'infanterie, et cinq mille pour la cavalerie... etc.

Des demandes si extraordinaires convainquirent les agens anglais que Dessalines les avait joués et qu'il ne voulait point traiter avec eux; ils partirent de Saint-Domingue sans avoir rien terminé, mais non sans avoir laissé parmi les chefs des noirs un germe de dissention capable de les dédommager dans la suite des refus qu'ils avaient essuyés (1).

---

(1) Les événemens qui se passent en ce moment

Dessalines, après avoir ainsi déconcerté, par les prétentions d'un orgueil barbare et ridicule les vues de l'Angleterre, songea à consolider son existence personnelle. Il rassembla les chefs militaires, et leur fit connaître ses volontés. Il en résulta l'acte suivant, publié dans le mois de mai (1804).

à Saint-Domingue, expliquent assez quel est ce germe de division que les agens anglais y ont semé. Christophe, dont les opinions sont que la colonie ne peut se soutenir que par la protection de l'Angleterre, et depuis long-tems jaloux de l'élévation de Dessalines, est parvenu à se faire un puissant parti parmi les noirs, et à balancer l'autorité du général en chef. Ces deux brigands sont en guerre ouverte, et la font à leur manière. Nous apprendrons sans doute bientôt qu'ils se sont entre-détruits, et que l'Angleterre, après avoir fait, par la plus monstrueuse des combinaisons, massacrer les blancs par les noirs, et périr ceux-ci par les suites de la guerre civile, aura réalisé enfin l'objet si long-tems attendu de son ambition, en s'emparant de Saint-Domingue et en l'ajoutant à ses autres possessions coloniales.

« Nous, généraux et chefs de l'armée de Hayti, reconnaissant les bienfaits qui nous ont été apportés par le général en chef J. J. Dessalines, le protecteur de la Liberté dont le peuple jouit, le déclarons, au nom de la Liberté, de l'indépendance, au nom du peuple qu'il a rendu heureux, *Gouverneur général de Hayti pour toute la durée de sa vie*; et nous jurons, sans contrainte, que nous obéirons aux lois qu'il nous donnera, de son autorité, comme étant la première et suprême autorité que nous reconnaissons. Nous lui conférons les pouvoirs de faire la paix, de déclarer et soutenir la guerre, et de nommer un successeur ».

En conséquence de cette délation du pouvoir suprême qui, décernée par les chefs de la force militaire, fit bientôt loi pour toutes les autres classes des habitans de l'île, Dessalines entassa proclamations sur proclamations, soit pour organiser l'intérieur de la colonie, soit pour préparer un système de défense en cas d'attaque. (1)

(1) Quelques jours après l'évacuation de l'île par les troupes françaises, Dessalines prétendait que

Mon dessein n'est point d'entrer dans le détail de toutes les institutions adoptées par ce chef de brigands : je terminerai ici la pénible tâche que je m'étais proposée, laissant au tems à rendre

---

toutes les villes devaient être entièrement détruites. C'était probablement l'inquiétude et la peur qui lui avaient dicté cette violente opinion : aujourd'hui qu'il est un peu revenu de sa première agitation, il ne pense pas de même. A la manière dont il vit, ainsi que les officiers de son armée, il est aisé de voir que leur nouvelle existence leur a créé une foule de besoins qu'ils ne connaissaient pas, et leur fait de plus en plus chérir le luxe, les jouissances et les commodités de la vie. Ils sont aussi curieux de meubles élégans, de bijoux et de bonne-chère que les européens les plus opulens et les plus fastueux. Ils trouvent très-agréable et très-commode de jouir à tête reposée du fruit de leur brigandage, et le genre de vie dont ils éprouvent maintenant le besoin, leur ôtera indubitablement la fantaisie d'aller vivre dans le creux des rochers, ou dans des mornes stériles. Au reste, quels que soient les projets ultérieurs de Dessalines, les villes qu'il avait d'abord condamnées

authentiques les faits qui ont suivi l'élévation de Dessalines à la souveraineté de Saint-Domingue, et à rassembler de nouveaux matériaux pour la continuation de sa vie. Cependant, pour ne rien laisser à désirer sur ce qui concerne l'histoire connue de ce monstre, j'acheverai le rapide tableau que je viens d'en esquisser par le portrait suivant.

à une destruction totale, continuent d'être debout. Le Cap est toujours dans l'état où l'avait remis le général Leclerc; et ceux qui ont revu cette ville depuis qu'elle est encore une fois relevée, ne cessent de s'étonner qu'un aussi grand nombre de maisons aient pu être rebâties en si peu de tems.

PORTRAIT

DE J. J. DESSALINES.

DESSALINES est âgé d'environ quarante-six ans ; sa taille est de cinq pieds deux pouces ; il est robuste et trapu. L'ensemble de sa phisionomie offre quelque chose d'âpre et de sauvage ; il a une tête grosse et enfoncée entre les épaules, un regard farouche, le nez très-épaté, et les lèvres fort épaisses. Son habillement ordinaire est celui de général de division ; il porte habituellement une ceinture cramoisi, des pistolets et un sabre.

Quant à son caractère, on en a déjà

une idée assez nette ; mais voici quelques traits qui peuvent servir à le faire connaître davantage. Astucieux et hipocrite, il est encore brutal, fougueux et violent à l'excès. Il inspire une sorte de terreur à tout ce qui l'environne, et cette crainte est d'autant plus fondée, qu'à la plus légère contradiction, il n'hésite pas à se faire justice lui-même à coups de poignard, de sabre ou de pistolet.

Au reste, il est aussi lâche en présence de l'ennemi, qu'il est cruel loin du danger. Il ne va jamais au combat ; il se contente d'observer de très-loin le mouvement de ses troupes, et il donne ses ordres en conséquence.

Son ignorance en toutes choses est complète ; il ne sait ni lire, ni écrire ; il signe seulement son nom. Il a mis dans

dans sa tête de former une langue particulière pour les noirs d'Hayti, et il a chargé deux officiers de sa suite d'en créer les élémens.

Après la soif du sang, l'amour de l'or est le sentiment qui le domine le plus : il a amassé un trésor que l'on fait monter à un million de dollards, et il ne voyage jamais sans le faire suivre sur des mulets.

Depuis qu'il est gouverneur général de l'île, il affecte un faste aussi dispendieux que bizarre ; mais c'est à force d'extorsions qu'il y fournit. Il reçoit volontiers des présens de ceux qui ont besoin de lui, ou qui veulent obtenir quelque emploi ; malheur à ceux qui ne lui en apportent pas, ils encourent bientôt sa haine et sa digrace !

La puissance dont il est revêtu lui

a donné une arrogance dont tous ses actes publics portent l'empreinte. Ses proclamations sont des menaces et des outrages : on connaît celle qu'il a fait publier avant d'aller attaquer la partie espagnole occupée encore par les français (1) ; c'est le monument de l'or-

---

(1) Les Français, au nombre de 2,000 hommes de bonnes troupes, commandées par le brave général *Ferrand* et soutenues par les Espagnols, continuent d'occuper Santo-Domingo, capitale de l'ancienne partie espagnole de Saint-Domingue, et il paraît, d'après tous les rapports, qu'ils se croient assurés de se maintenir dans cette place aussi long-temps qu'ils pourront se procurer les vivres nécessaires à la garnison. Santo-Domingo est une ville de guerre fortifiée d'une manière régulière, et qui est à l'abri d'un coup de main de la part des nègres.

Suivant les dernières nouvelles, Dessalines a

gueil le plus extravagant et le plus présomptueux à-la-fois. En s'adressant au gouverneur espagnol de l'île de Cuba, il lui *defend* de donner asyle aux corsaires français qui désolent le commerce de Saint-Domingue, et il le menace d'envahir son île, si elle continue à servir de retraite à ses ennemis.

Derrière cette montre d'orgueil sont la misère et la faiblesse réelles. L'armée de Dessalines est réduite aujourd'hui à 20,000 hommes, et à peine en trouverait-on ailleurs 5,000 en état de porter les armes. La misère est au comble parmi ces

---

vainement tenté de réaliser les menaces contenues dans sa proclamation. Quoique soutenu par les Anglais, il n'a pu s'emparer ni de Santo-Domingo, ni même gagner un pouce de terrain dans la partie espagnole, où il a été complettement battu.

troupes. Mal vêtues, mal payées, elles sont encore plus mal nourries. Une demi-livre de pain et un hareng, voilà toute la ration du soldat; il ne touche pas une obole.

Le très-petit nombre d'habitations qui ne sont pas entièrement en friche, ne peuvent être cultivées que par les femmes, les enfans et les vieillards. Toutes les rafineries, tous les bâtimens et ustensiles ont été détruits par le feu. Tout le bétail a disparu, et la culture produit à peine de quoi fournir aux premiers besoins de la vie; jamais on n'a régné sur des ruines plus affreuses.

Le système de défense adopté par Dessalines, en cas d'une nouvelle entreprise par les Français, est le dernier trait par lequel nous terminerons ce tableau. A l'approche de l'ennemi, tous les habitans de la circonférence, sans exception, ont ordre de se retirer dans les endroits les plus inaccessibles de l'intérieur, et d'y emporter toutes leurs propriétés, après avoir brûlé les villes par eux abandonnées. Puisse bientôt arriver le jour où tous ces exécrables brigands, enfermés et poursuivis dans leurs mornes, expieront le crime affreux dont ils ont souillé l'histoire des hommes!

BIBLIOTHÈQUE ROYALE

FIN.

Nota. D'après des renseignemens inexacts, on dit, pag. 76, que les noirs parvinrent à amener avec eux le général *Agé*, à qui ils firent souffrir des tourmens inexprimables, avant de lui donner la mort. Le général *Agé* eut le bonheur d'échapper au sort qui le menaçait, il est aujourd'hui en France, où il vit retiré dans les environs de Blois.

Pag. 76, lign. 20, au lieu du *général Brunet*, lisez le *général Boudet*.

Ouvrages de Fonds du même Auteur, qui se trouvent chez le même Libraire.

Les Constitutions de l'Empire Français, précédées d'une Instruction historique, contenant, 1° un Tableau de toutes les formes du Gouvernement Français, depuis le commencement de la monarchie, et des révolutions qui ont produit le changement des trois Dynasties royales ; 2° la vie militaire de *Napoléon Bonaparte*, jusqu'au 18 brumaire de l'an VIII ; 3° les causes qui, pendant le Gouvernement consulaire, ont amené l'organisation de l'empire français, et l'établissement de la première Dynastie impériale., par *Dubroca*, 1 vol. in-8°. Prix, 1 fr. 80 c.

L'art de lire à haute voix. 1 vol. in-8°. Prix, 5 fr.

Nouvelle géographie élémentaire de la France, avec une très-belle carte, 1 vol. in-12 Prix, 4 fr. 50 c.

L'*Histoire universelle de* Bossuet, exposée par demandes et par réponses, à l'usage des écoles et des familles chrétiennes. 1 vol. in-12. Prix, 2 f.

Le Guide du jeune Militaire, ou Conseils d'un militaire à son fils, par M. le baron D'A***, colonel d'infanterie, nouv. édit. augmentée. 1 vol. in-12. Prix, 2 f. 50 c.

La Civilité à l'usage des Enfans des deux sexes. Nouvelle édit. entièrement refondue et augmentée. 1 vol. in-12. Prix, 75 c.

Mémoires pour servir à l'histoire des Attentats du gouvernement anglais contre toutes les puissances de l'Europe, et particulièrement contre la France, depuis le commencement de la révolution jusqu'à la rupture du traité d'Amiens. 1 vol. in-12. Prix, 2 f.

Le Calendrier transformateur, contenant les tables de conversion sur toutes les parties des nouveaux poids, mesures et monnoies. Prix, 75 c.

Le petit Arithméticien décimal, ou Principes simplifiés du systême mètrique, mis à la portée des habitans des campagnes, et des enfans. Prix, 40 c.

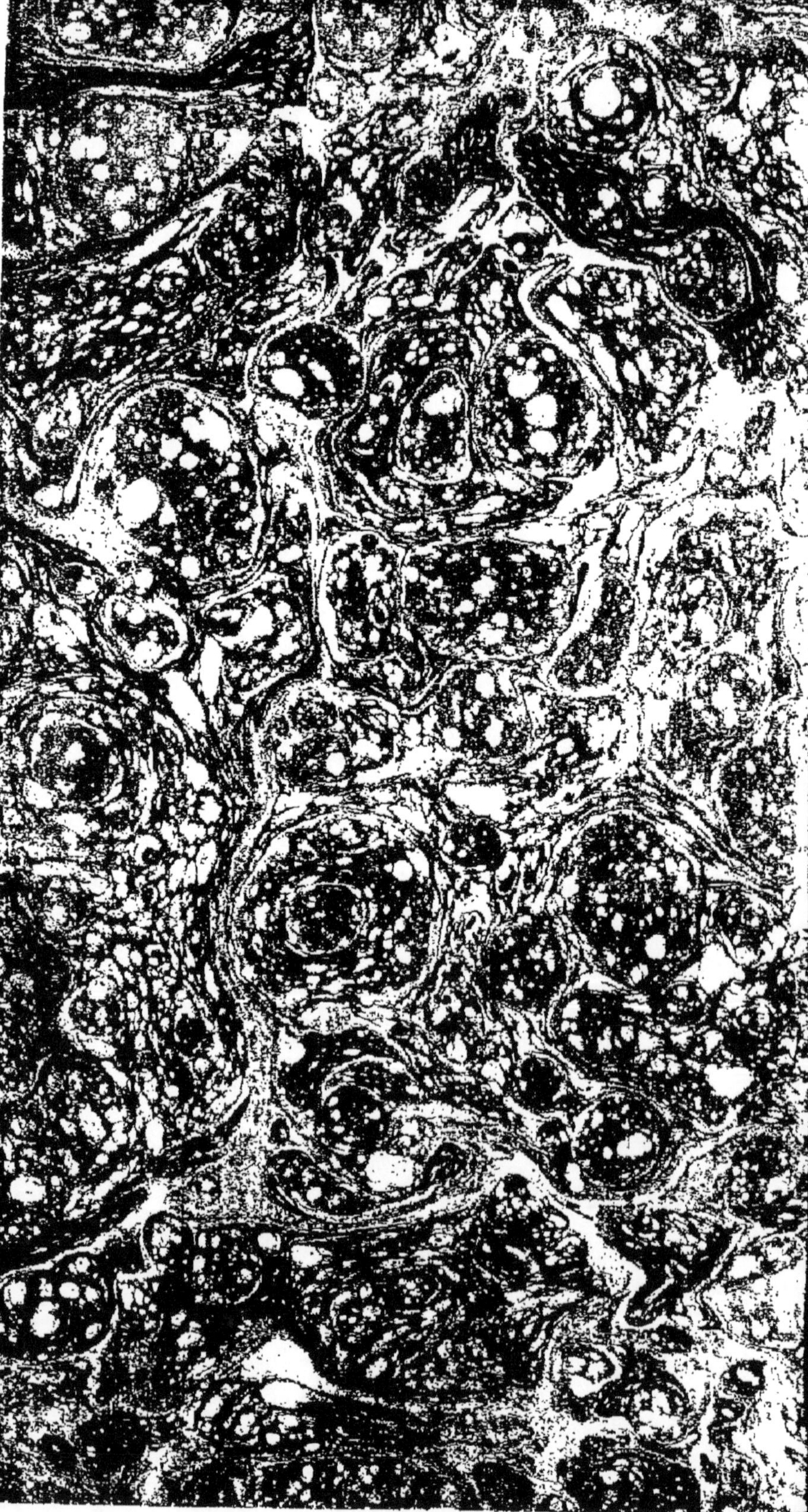

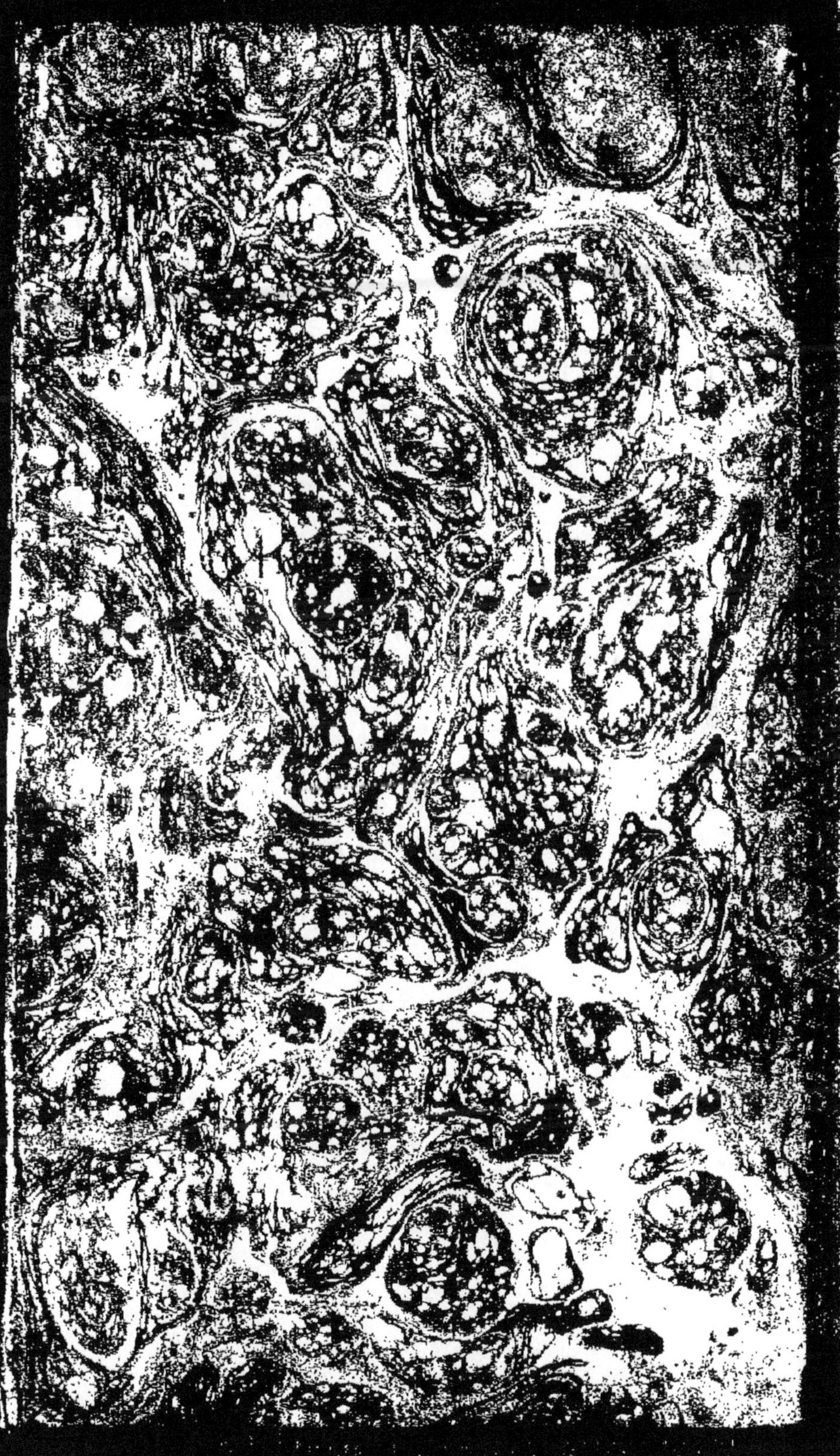

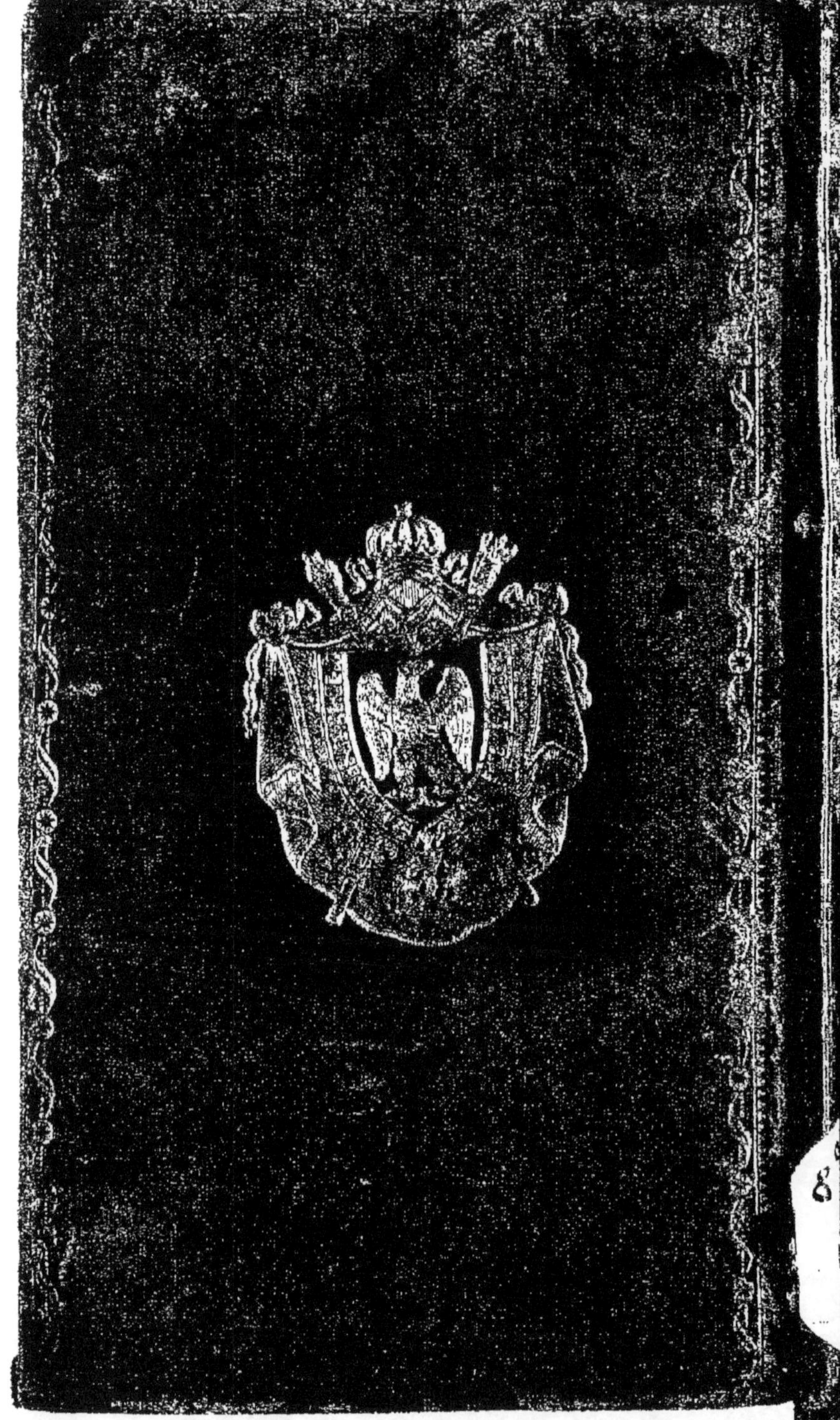

www.ingramcontent.com/pod-product-compliance
Ingram Content Group UK Ltd.
Pitfield, Milton Keynes, MK11 3LW, UK
UKHW012226240726
13966UKWH00003B/967

9 782012 876835